世界史のなかの東アジア

台湾・朝鮮・日本

汪暉
Wang Hui

丸川哲史 編訳

青土社

世界史のなかの東アジア　目次

世界史のなかの東アジア　台湾・朝鮮・日本

序

世界史のなかの東アジア

丸川哲史　訳

まず感謝したいのは、『世界史のなかの中国』を出版した後、丸川哲史氏と青土社からの提案が更にあって、新しい文集を出すことができたということである。

さて本書に収録した三本の論文は、全く違ったテーマではある。つまり、現代政治の代表性、朝鮮戦争、台湾問題――これらは別々の角度と領域から中国と東アジア地域に起こった巨大な変化を分析したものとなる。私の分析からすると、間違いなくそれらの巨大な変化の焦点は中国にあり、さらに分析の角度は中国政治の独特の構成へと及ぶこととなる。中国政治のエネルギーは、二〇世紀のプロセスにおいて、独特の方法を通じて凝集したものである。そこにおいて、代表性の危機というものがキーポイントとなるが、それは政治的エネルギーの消耗、あるいはその政治的エネルギーの消耗が別のものへと転化した産物であると言える。そういうことで、私は読者に比較的整った構図を提供するために、これまでの研究を整理し、幾つかの脈絡を描き出してみたい。

近年の「中国モデル」〔中国を成長のモデルとして議論する枠組み〕にかかわる議論において、多くの学者は中国の発展の安定性を強調し、重大な危機などなかったと言っている。だが、このような説明は正確ではない。改革開放三〇年の中で、中国の最大の危機として一九八九年があった。中国はこの大きな危機を乗り越えたわけだが、この影響は今もいくつかの領域において、その痕跡を探し出すことができる。この危機はまた同様にして国際的な危機の一部でもあったが、危機の主要な部分はその時は経済的危機ではなく、政治的危機として現れることとなった。いわば、中国の危機はソ連・東欧の危機の前触れであった。ただ違ったのは、ソ連・東欧はみな崩壊してしまったが、中国は基本的に体制の安定性を保つことができた、ということである。中国と同様、それらの諸国家は共産党がリードする社会主義国であった。どうして中国だけが崩壊しなかったのか。結局のところ、どのような要素から中国の安定性が保たれ、またそこからの高度成長が可能となったのか。あるいはまた三〇年の改革の後、それらの条件は果たしてどの程度変化しているのか。中国が採っている路線、また中国の独自性などを論じる際に、先述のことはまず考えてみるべき問題であろう。

一

ソ連・東欧システムの崩壊には、複雑で根深い歴史的原因がある。例えば、官僚システムと民衆との対立、冷戦政治が孕むトップダウン型政治、また欠乏気味の経済が民衆生活にもたらした影響等々。それらと較べると、中国の体制は自己革新する意識が比較的強かった。「文革」期の様々な衝撃を通じて、党と国家の中高級幹部は毛沢東によって工場や農場など基層社会〔行政の末端部〕に送られ、そこで働き生活した。そして彼らが七〇年代の後半に再び権力の地位に戻った時、国家は基層社会からの要求に対して比較的応えようとするようになっていた。これこそ、ソ連・東欧国家と最も違った点である。私はこういった問題やそこから派生した文脈について、ここでさらに詳しく述べる余裕はない。ただ中国の体制がソ連・東欧のシステムと違うこととなった第一番目の特徴を強調するだけである。すなわち、独立自主的に社会発展の道筋を探すこと、またそこから独自主権の地位を生み出した、ということである。東ドイツ共産党の最後の第一書記エゴン・クランツは一九八九年の後の回想の中で、国家が倒れた原因を解釈している。彼は多方面から解釈を行っているが、最も重要な原因となるのは、ソ連の変化とそこから派生したソ連・東欧グループ内部の変化である。冷戦時代、西側の政治家はいつも「ブレジネフ法則」という概念を用いて東欧国家の「不完全な主権」状態に嘲笑を投げかけていた。ワルシャワ条約機構において、東欧国家には完全な主権はなく、ソ連の支配を受けていたわけである。ソ連に問題が起きると、ソ連・東欧システム全体が躓くという具合だ。第二次大戦の後、国民国家の主権システムが確立されたとされるが、事実上、世界的に本当の意味での独立主権国家は非常に少なかった。ソ連・東欧国家だけでなく、西欧の国家連合も、いずれにせよそうであったろう。アジアでは、日本や韓国などの国家は冷戦構造において、自分たちの主権は米国の世界戦略によって制限されていたのであり、同様にして不完全な主権国家であったと言える。冷戦構造にあって、二つの陣営はともに国家連合システムを為していて、いずれの陣営においても、その覇権国家に変化や政策変更が起きると、その他の国家も深く影響を蒙るのであった。

中国は内戦を終え、中華人民共和国が成立、新たな社会主義国家として誕生していた。建国初期、中国は両極構造において社会主義陣営側に位置づいていた一方、また一九五〇年代初期の「抗米援朝〔米国抵抗し朝鮮を助ける〕戦争」があって、米国とその同盟国と軍事的に対立することになった。では、この戦争をどう評価すべきか。第一に、これは中華人民共和国建国以後の初めの戦争であって、中国革命時代の初めての国外戦争だったということである。中国が直面したのは、米国を主軸とした国連から委託された国連軍であった。短期的に観察すると、これは中国の主権独立が国連の承認システムの外からの承認を必要としていたことを意味する。また長期的に観れば、後に中国が国際システムからの承認を受けたことで、世界秩序のある部分が刷新された、ということになる。第二に、この時期、特に第一次五ケ年計画の時代、中国の工業発展と戦後復興と国際的な地位の獲得のため、ソ連の大きな助けを必要としていたということがある。ある意味、ソ連との同盟関係において、冷戦の対抗構造の中で主権の地位が生み出されていたことになる。つまり、たとえ台湾に代わって国連での代表権が得られなくても、東側国家の国際関係の中では承認を得ていた、ということになる。しかし、中国革命のプロセスが独特であることと同様に、中国の朝鮮戦争の中での独特の役割とこの建設期の独立自主的発展の方向は相補的なものであった。まさに朝鮮戦争の停戦後、中国は積極的にジュネーブ会談に参加していた。また五〇年代中期のバンドン会議から始まって、中国は積極的に非同盟運動を支持していく。事実上、大陸中国が一九七一年に国連に復帰する際、そこでの決定的で重要な支持者とは、アジア、アフリカ、ラテンアメリカの第三世界諸国なのであった。

ソ連共産党第二〇回大会の後、中ソ両党の分岐が表面化し、一九六〇年代初期、世界で最も大きい二つの共産党の間で公開論争が始まることとなった。そして一九六九年、両国の国境付近で軍事衝突が発生、政党の政治路線の分岐が社会主義国家同士の衝突にまで及んだわけだが、政治的にも経済的また軍事的にも、ソ連の依存から抜け出して行くし、そのことは明確な政治プログラムとなった。中国はこのプロセスは非常に痛みの伴うものであったが、中国の社会主義システム、さらには世界における独立的地位を確立することとなった。この時、台湾海峡は依然として分断されたままであったが、中国国家の政治的性格は、強い主権を有し高いレベルで独立自主的であって、そういった政治的性格の下で形成された国民経済システムと工業システムもまた高いレベルで独立自主的なものであった。このような自主性を前提としてなければ、後の中国の改革開放の方向性も、また中国の一九八九年の後の命運も予想しづらいだろう。改革開放が始まった際、中国の改革とは、内的ロジックを持ったもの、自主的なもの、能動的なものであって、受け身の改革ではなかった、ということである。このことは、東欧や中央アジアにおける様々な方式の、複雑な背景を持つ「カラー革命」〔二〇〇〇年代から顕著となった色や花の名が冠された変革運動の総称、一部からは「民主化ドミノ」を目指す米国の関与が囁かれている〕とは一線を画すものである。

中国が朝鮮戦争にかかわった初期、中共首脳が最も心配したのは、戦争によって民族解放戦争及び内戦から生まれたばかりの幼い共和国が倒されてしまうことだった。しかし結果は逆で、朝鮮戦争時の高度な政治動員とソ連からの援助により、中国経済は迅速に回復したのであった。一九四九年から一九七六年まで、つまり改革開放の前の時期、全体の趨勢からして、中国経済の平均成長率は驚くべきものであった。統計データはそれぞれ違っていたりするが、最低でも六%より低くなく、高く見積ると九〜一〇%であった。中国の独立自主の発展の道筋とラテンアメリカの依存型経済は明らかに対照的なものとなったが、どうしてこういったことが一九六〇年代から顕著になったのか。特に一九七〇年代の後のことであるが、多くのアフリカ・ラテンアメリカを研究する学者たちが議論した結果、「依存」の角度からその停滞の原因を研究し始めた。例えば、毛沢東の「第三世界」理論から、中心、周縁、亜周辺といった世界システムのモデルを提出し（イマニュエル・ウォーラーステイン）、また「独立自主、自力更生」といったスローガンに触発されて、「離脱」理論〔民族解放を世界資本主義からの離脱と考える〕が提出されるところとなった（サミュエル・アミン）。

人々は常々、改革以降の中国の開発モデルと、日本、韓国、台湾、香港、シンガポールなどのアジアの「四小龍」とを比較し、「東アジアモデル」の概念によってこれら地域の主要な経済体制における国家の役割、政府の産業政策、儒教倫理、企業文化、幾つかの開発戦略などの類似性や相互影響を説明しようとする。こういった議論はさらに、宋代明代以降の伝統的な市場、東アジアの朝貢ネットワークにまで及ぶところとなった。こういった議論は、東アジア地域の経済成長にかかわる解釈を豊かにしてくれるものであったが、政治の役割からするならば、そういった「東アジアモデル」は、戦後の中国と日本、また他のいくつかの経済体の発展の方向性の差異について適切な解釈をもたらすものではなかった。日本の戦後の発展は、元より戦前の歴史的脈絡からのものであり、さらに明治維新以来の蓄積された発展の経験もあろう。しかし、戦後日本の発展はやはり冷戦期の国際政治の配置によるものである。その一つの結果として、米国による軍事占領と軍事的保護が進行し、日本の政治構造の再構築が可能となったのであり、二つ目として、冷戦構造下において、主要には米国主導によって、日本はアジア各国を侵略したことの損害に対する巨額の債務に関して、経済賠償の方式によって返済する必要から免れるところとなった。またそれとは裏腹に、米国の戦略から発する需要によって、ほぼ例外なく、日本、台湾、韓国、シンガポール、そして香港は米国のグローバル軍事戦略の後方基地となった。そして米国が主導する朝鮮戦争、ベトナム及び南アジアでの戦争に対して、軍事基地と軍事装備と兵站とを提供し、またそのために工業化及び再工業化のチャンスを得たのである。ただこれは、政治的依存を前提として形成されたところの、ラテンアメリカの「依存的発展」とは別種のものではあるが。いずれにせよ、「依存的発展」と中国の「自主的発展」は、中国と日本及びその他の経済体において、冷戦期に全く違った位置において生じたことになる。元よりの話をすれば、中国の独自性とは、二〇世紀中国革命の歴史的脈絡に根差すものである。

第一に強調しなければならないのは、こういった独立的で完全なる主権の性格は、政党の実践によって完成したものであり、二〇世紀政治において実に突出した特徴を持った、ということである。毛沢東はかつて、武装闘争、大衆路線、統一戦線が中国革命の三大宝刀だ、と総括していた。毛沢東はそれらを基礎として、また党建設をそこに加えていった。この四つのやり方は相互に浸透し合うものだが、ある同一のプロセスの別側面だとも言える。毛沢東は階級と階級闘争について論じたが、理論上においては、古典的な階級概念の通りに中国社会を論じたわけではなかった。彼が常用した人民という概念、また人民内部の矛盾という概念は、ともに中国革命の経験の中から発展したものであった。言うまでもなく、中国共産党も、理論の上においても実践の上においても、いくつかの間違いを犯してきた。以前の反帝国主義と後のソ連との論争は中国の主権を確立するための大きな要素であったが、ただそれらの問題に関連して、個別の細かい部分にだけ限定して判断を加えることはできない。例えば、ソ連共産党との論争を通じて、中国は二党間（中共、ソ共）の、国家間（中国、ソ連）の宗主関係から抜け出し、新たな独立のモデルを形成したと言える。言い換えると、この主権の根源は政治的に構成されたものであり、政党と政治のプロセスから展開した特殊な政治的独立性が国家や経済のレベルで顕在化した、ということである。だから我々は、規範化された主権概念から独立自主の意義を理解することはできない。植民地主義の歴史の中では、規範的な主権概念と独立自主はおそらく無関係なのだ。例えば、不平等条約に調印した国家も、国際法的意味においては一つの主権国家として存在している。しかしこの場合、主権と独立は全く関係のないものである。事実上、冷戦時代の両極化が徐々に解体されていったことと、中国がこの両極構造に対してずっと批判し闘争し続けていたことも無関係ではないのだ。すなわち、中国が介入しなければ、米ソ間で直接対抗していた可能性ももっと大きかったであろう。

第二に、中国は社会主義路線の模索と改革の試みの中で、経済、政治そして文化の領域において様々な偏りや問題、さらには悲劇的な結果も招き寄せた。しかし五〇年代、六〇年代、七〇年代、中国の国家と政党は不断に自身の政策を調整してきたということも言える。これらの調整は外部の視点に規制されたものではなく、主に実践から出て来た問題に基づいて推し進めた自己調整なのであった。政党の路線の誤りを正すメカニズムとして、理論論争または公開の理論論争は、政党と国家の自己調整と自己改革において重要な役割を担った。ただ共産党に民主的メカニズムが足りないところから、路線闘争が常々無情な暴力をともなった権力闘争に転化することもあったが、それらの要素、つまり路線論争と理論論争が歴史の中で果たした重要な作用について蓋をしてはならない。この角度から、改革以来のいくつかの惰性化した言い方を考え直す必要があろう。例えば、改革には既成のモデルや政策がないことから、「河石を探りながら河を渡る」という言い方はもっともな表現である。しかし実際、既成のモデルがないことは、元々からの中国革命全体の特徴であり、毛沢東も『矛盾論』の中でそういった話をしていた。モデルがない場合に、では何に頼るのか。頼るのは理論論争であり、政治闘争であり、社会実践である。いわゆる実践から入って実践へ、である。しかし実践の総括そのものが理論的なものでもあり、また実践は元より前提と方向性がなければならない。基本的な価値の方向性がなければ、「河石を探りながら河を渡る」であっても、どこに向かうのか分からないことになる。毛沢東は『実践論』の中で、当時レーニンの一説を引いている。「革命理論がなければ、革命運動もあり得ない」と。革命理論の創出と提唱は、幾つかのキーポイントとなる時期において決定的な作用をもたらした。ある出来事に直面して、如何なる事情に関しても同様だが、それに取り組まねばならならず、しかしてまた方針、方法、計画、政策がない時、方針、方法、計画、政策を確定することが主たる決定的作用を持つことになった。政治、文化、上部構造などが下部構造の発展を阻害している時、政治と文化が核心的なもの、主たる決定的なものとなるのだ。このことは、当時の中共が自身のモデルを探そうとしていた時期というもの、そこに長期に渡る闘争が存在していたことを物語る。

第三として、理論論争が中国革命と改革の過程において重要な役割を果たしたことについて。改革の理論的な源泉となる、社会主義における商品経済の概念がかつて提出されていた。それは、商品と商品経済、価値法則〔価格を設定する根拠〕と有産者の法的権限などの理論にかかわる議論から生まれ、社会主義実践の中で模索されたものである。価値法則問題の議論は、一九五〇年代、孫冶方と顧准が価値と価値法則の問題にかかわる論文を発表したところから始まったもので、その大きな背景となるのは中ソ分裂であり、毛沢東の中国社会の矛盾にかかわる分析であった。この問題は、一九七〇年代中期、再び党内論争の中心的課題となった。このような理論論争がなければ、この後の中国の改革が価値法則、労働に則した分配、すなわち社会主義商品経済から社会主義市場経済のロジックへと進展して行くプロセスも想像しづらいものとなる。そして今日、発展の道筋をめぐる論争は、以前のように党内に限定されるものではなくなったが、やはり理論論争の政策路線の調整にかかわる役割は重大なのである。もしも体制内外から生じたところの、単純にGDPにこだわるだけの開発主義への批判と抵抗がなければ、「新たな科学的発展モデル」〔過剰な開発への警告を含んだモデルの提唱〕の模索はアジェンダ〔検討課題〕とはなり得なかったろう。一九九〇年代、中国の政治構造の変化に伴い、中国の知識界の論争は部分的に、かつての党内路線論争と同様の効果を持つようになり、九〇年代の末になって「三農問題」〔農業の不振、農村の荒廃、農民の貧困〕に注目が注がれるようになった。さらに二〇〇三年の後には、医療改革の反省が、二〇〇五年には国営企業改革と労働権への注目が、またエコロジー環境を保護する理論の紹介や社会運動等々が、国家政策の調整に影響を及ぼすことになった。理論論争が導く方向は、こういった問題に関して大きな効果を持ったのである。

現在、常々論じられている「民主」とは誤りを正すメカニズムであったとして、理論論争と路線論争もそのような誤りを正すメカニズム、政党の誤りを正すメカニズムである。党内に民主的メカニズムが欠乏していたため、二〇世紀において、党内の路線論争は時に暴力やトップダウンで為される傾向があったわけで、これについて深くまた長期的な反省が必要である。しかし党内闘争の暴力化への批判は、理論論争や路線論争の否定につながってはならない。実際、後者はまさに独断を排し、自身の誤りを正すルートなのであり、メカニズムであるのだ。「実践は真理を検証する唯一の基準である」というスローガンは実践の絶対的重要性を提出したわけだが、この命題そのものは実は理論的なものでもある。私たちはこの理論論争の意味を把握してこそ、このスローガンの意味が理解可能となるだろう。

二

中国革命は中国が伝統的な農業社会の中にあった時に生じ、農民が革命の主体となった。初期の革命や戦争の期間、あるいは社会建設や改革期にかかわらず、農民階級が差し出した犠牲と貢献は大変なもので、そこで表された能動的な精神と創造力もまた最も印象深いものである。多くの第三世界と比較した際、二〇世紀中における農村社会での動員や組織の変り様は驚天動地であり、未曽有の出来事であったと言える。土地革命と土地改革にともない、農村秩序は根本的に再構築された。この持続的でもあり激烈でもあった変革から生じた三つのポイントを提示してみよう。第一に、土地革命と農村秩序の変化により、農民階級は強い政治意識を持つようになった。東欧国家、さらにソ連でもこのような長期に渡る武装闘争や土地革命は見られなかった。このような背景がなければ、土地所有にかかわる変革を中心とした農民の動員はなかったであろう。多くの社会主義国家やポスト社会主義国家と較べ、平等の価値が中国人民の心の中に深く広く根をはっている要因でもある。

中国社会主義運動と農民運動の関係を本当に理解したいなら、中国革命の政党の役割を理解する必要がある。しかしその役割は、すぐに定まったものではなく、人民戦争の中で再生したものであった。中国共産党の創立は国際共産主義運動の産物ではあったが、一九二七年の第一次国共合作の崩壊から、中共はその活動の中心を都市から農村へ、政治闘争から軍事闘争へと移動させざるを得なくなっていた。つまり、土地革命を中心としてまた人民戦争を徐々に展開させ、さらに一九三七年の抗日戦争が全面化した後に、それは全民的動員ともなり、中共指導下の人民戦争は様々な異なった方式（ゲリラ戦、陣地戦、運動戦）を次々に展開した。中国共産党の国際共産主義運動における主体的地位は、まさに人民戦争という条件の下に新たに確立されたものであった。朝鮮戦争にかかわる論文の中で分析したように、人民戦争は軍事だけでなく、戦争という条件下において、戦争と革命、戦争と土地所有の変革、戦争と農村社会の改造、また戦争と政権建設などの相互の関係を有機的なものにしていくプロセスであった。まさに人民戦争の中で、政党、軍隊、政権（ソヴィエト）と農村社会を中心とした民衆運動は、未曽有とも言える緊密な関係を打ち立てた。「大衆の中から大衆の中へ」。これは大衆運動のやり方であり、また政党がその社会的基礎を再建し、その政治的活力を得るためのプロセスでもあった。そのプロセスの中で、政党は大衆運動のリーダーであったが、なおかつ、運動において内在的かつ有機的なものへと深化し、大衆運動とともに変化することで自身を再構築し続けた。すなわち、両者（政党と大衆運動）の交流を通して、農民を主体とする新たな革命政治の主体が誕生したことになる。この意味において、人民戦争期の政党は超－政党的要素を帯びることとなった。が、同時にまた大衆運動と緊密な関係を持った超－政治組織は、その代表性を両者の相互的生成から産み出すことになったと言える。

続いて経済の角度から見てみよう。中国革命とは成熟したブルジョア階級のいない、また巨大な労働者階級もいない社会で生じた革命であった。言い換えると、社会主義を目標としながらも、十分なプロレタリア階級が存在しない革命なのであった。中国共産党の中心的任務は農民を動員し、農民運動を通じて新たな政治と社会を作り出すことであった。三〇年の武装革命と社会闘争を経て、この政党は最終的に最も下の階層の社会運動、農民運動、労働運動に根を張った。その草の根の性格とその組織的動員力は、東欧社会主義国家の政党との最も大きな違いであった。現在のメディアやウォッチャーたちは、中国革命の功罪を個別のリーダーに求めようとしているが、このプロセスそのものに対する議論が不十分である。中国革命の中の暴力への評価から、このプロセスの中で生じた新たな社会主体を無視しており、さらに否定さえもする。農民を主体とした社会の中で進行した新民主主義革命及び社会主義革命において、主観的な能動性やリーダーたちの主観的な意志も重要であったと言わざるを得ないだろう。しかしここに依っただけでは、歴史を解釈することは不可能である。現代中国政治において最も重要で独特な現象とは、以下のことである。つまり、階級分化が進んでいない社会において、階級政治に訴えつつ農民を主体とし、各階級の連合を含んだ政治主体、すなわち「人民」を作り出すことであった。この新しい政治主体の階級的性格（労働者階級の指導、工農同盟等々）は、人民戦争のプロセスの中で、革命政党と農民を主体とする社会諸集団の激動の中で作られたものである。現代中国において、農民は分業体制の産物であると同時に、一つの政治的カテゴリーでもある。それは大衆政治と人民戦争の中で誕生した新たな政治主体なのだ。

中国革命は、革命と建設の中で新たな土地所有のあり方を形成し、中国における改革のためにその前提を提供した。このような激しい社会変動を経験した条件においてこそ、伝統的な農民とその村組織はかくも強い能動的な精神を表すこととなった——今、このことを想像するのは難しい。これに関連して、アジア、特に南アジア、またラテンアメリカなどの農業社会とその市場を条件とする農民の状態を参照枠としてみると、一つの明確なイメージが出て来るだろう。それらの社会は、強力な土地改革を経験しておらず、農民の大半は依然として地主と荘園的経済に依存せざるを得ず、強い自主意識を生み出すことができない。土地改革のプロセスは農村教育の普及、識字率の向上、また自己を組織する能力や技術を養成する——そのような能力の高まりと密接な関係がある。現在の市場改革という条件下において、それら初期に達成された遺産とは、比較的成熟した労働市場へと転化されて行くための前提条件ともなった。

新自由主義の流れの中で、中国社会が他の社会と較べて平等に対する要求や腐敗を許したくない心情が特に強いのもまた、下層から生み出された強力なバランス作用から来るものである。この点に関して、九〇年代初期に幾つかの他の国家がすぐさま独占化へ突き進んだこととは別の何かを考える必要がある。その要因は国家と政党の観点からも説明できるのだが、また社会的な力の観点からも説明できるはずだ。二〇世紀の末、「三農問題」と農民工問題に関連して、如何に市場社会を前提にして都市と農村の差別を解決するか、また如何に中国の土地問題を解決するかということが、再び現代中国のキーポイントとなる課題となった。農村経済が強く都市経済と都市化のプロセスに依存しているので、多くの農民は流動的に新たな都市の労働者階級へと転化し、また農村の土地に依拠した農民もまさに沿海や都市の商工業における廉価な労働力へと転化しているが、このプロセスは現代の農村危機と深く関連する。

三

さて次に、国家の性格とその変化について考えてみよう。多くの歴史学者が述べているように、東アジア地域には、豊富で悠久な国家の伝統と国家間の関係があった。ジョバンニ・アリギはその著書『北京のアダム・スミス』の中でこう断言している。「民族国家同士のシステムを比較してみた場合、国家市場は西洋の発明とは言えない。……一八世紀最も大きな市場はヨーロッパではなく、中国にあった」と。さらに彼は現代中国発展の動因に分析を進めているが、特に外資を吸引する力について、こう論じている。曰く「中華人民共和国の外資にかかわる主要な魅力とは、安価な労働力資源があるから、といったところには限定できない。……その主要な魅力は、その労働力が健康的、教育的、また自己管理できる高い素地を有しているからであり、さらに言えば、そういった労働力が中国国内の生産において、流動的な製造工程へと迅速に拡散できたからだ」と〔アリギ前掲書中文版三二三〜三二四頁、三五四頁より〕。彼の解釈によれば、スミスは自然発生的なものとして市場秩序を考えようとした提唱者ではなく、国家の管理の下での市場に対して明晰な洞察を行った思想家、ということになる。こういった見方とほぼ一致するように、北京大学の経済学者・姚洋は、中国の経済発展の条件を総括する際、中性的な政府、あるいは中性的な国家〔特定の宗教や利益集団から自立した政府や国家の意味〕というものを改革の成功の前提に据えている。

改革において国家の持つ機構としての資源は、まさに重要な思考対象である。私はアリギと姚洋の議論に対して、二点ほど補充してみたい。アリギの観点は、中国とアジアの国家市場に対する叙述について、長い伝統の継続を持ち出して来ている。しかし、もしも中国革命と社会組織の再構築がなければ、伝統的な「国家市場」が自動的に新たな形態としての国家市場に転化できたことについて想像しづらくなる。清末期、国家の力を通じて軍事と商業システムの構築が進められ、辛亥革命後は継起的に土地改革が進められ、伝統的な国家市場とは異なる新たな内外関係が創出されていた。レーニンは孫文の『建国大綱』を論じた際、一つの指摘を行っている。土地革命と新たな社会主義的方向あるいは民生主義的方向を伴った国家プランは農業資本主義が発展する前提となる、と。現代中国の国家の性格を論じる際、中国革命がもたらした土地所有の変革と農民の身分の変革という前提を外すわけにはいかないのだ。例えば、人々は人民公社の実験を批判するのだが、この実験が現代中国における持続的な土地所有関係の変革の結果からのものであることは忘れがちである。一方、家族・家庭を単位とした小農経済は終わりを告げたわけだが、もう一方では、家庭・家族と地縁関係はまた別の方法によって新たな社会へと組織されたとも言える。農村改革は、公社制度に対する改革であると同時に、かつての実験によって変革された社会的基礎の上でのことであった。初期の農村改革は、国家によって推進されたもので、多様な経営と農産品価格の調整を中心にして発展した改革運動であった。この改革運動は、実際に多くの要素を過去から継承しているが、郷鎮工業の開始から郷鎮企業の発展まで、それらは新自由主義のロジックとは別の文脈からの展開なのであった。

姚洋の観点からすると、いわゆる中性化した政府は近代革命と社会主義の歴史において生じるものとされており、元からの政治的前提として、中性化や中立化があるわけではない。中国の社会主義実践は、大多数、絶対多数の人民の普遍的な利益を代表する国家を作るために尽力したものであり、国家あるいは政府と特殊利益の結びつきを断つことはそのための前提であった。理論的に言うと、この社会主義国家の実践は、また初期マルクス主義の階級理論に対する修正をも提出したことになる。毛沢東「十大関係論」、「人民内部の矛盾を正しく処理する問題について」などの文献は、新しい国家の理論的基礎となった。社会主義国家は大多数の人民の利益を旨とするので、市場社会の条件において、むしろ他の国家形式よりもさらに利益集団との関係から離れることになる。我々はこのような意味合いにおいて、それを中性化した国家と言うことができるのだ。これが初期における改革が成功したキーポイントであり、また改革の合法性の存するところでもある。もしこういった前提がなければ、異なった社会階層にとって、国家が推進する改革が自分たちの階層の利益を代表するとは信じがたいだろう。ただし、中性化という この術語自体がまた「中性化」の意味を覆い隠すことにもなっている。つまり国家が代表する利益の普遍性は、実に中国革命と社会主義の実践の上にあるものであって、少なくとも改革初期に関しては、改革の正当性はまさに社会主義国家の代表する利益の普遍性の上に打ち建てられたものであった。

我々は、単一の規定から中国の国家の性質を確定することはできない。その内部に異なった伝統が存在するからである。改革のプロセスの中で、人々は常々改革か反改革か、進歩か保守かといった分け方によって、そういった幾つかの伝統の間の矛盾と対立を描こうとして来た。しかし動態的に歴史を見ると、それらの間の相互の協調、またバランスや矛盾にこそ重要な作用が存するのであった。社会主義の時期、我々は二種類の、あるいは多種の力の間の相互の盛衰というもの、あるいは「極右」と「極左」の克服、といったあり様を見て来た。そして市場化改革が主たる流れになった際にも、もし国家や政党の内部、また社会領域全体において社会主義的なものの力によるバランスがなければ、国家はすぐさま利益集団に乗っ取られてしまうことになる。八〇年代中期に一度、私有化の主張が出て来て、体制内外から強力な抵抗に遭ったということがある。ただ後の結果として、先に市場メカニズムを形成するという観点が優位とはなって行ったのだが。こういったことが、中国がロシアのようにはショック療法を採らなかった経緯である。言い換えると、社会主義時代に蓄積されていた社会的な資源というものがあって、この時期の社会政策に対する制約となっていた、ということである。このような意味において、我々はこのような批判的な方向性に関して、単に改革反対派とは見做せないのである。実際のところ、一九九〇年に惹起された思想論争において、我々は似たような現象を見ることができる。すなわち、開発主義に対する批判は最終的に科学的発展観あるいはオルタナティブな発展といった考え方を促進するところとなった。中国社会の腐敗現象に対する嫌気や抵抗感もまた、政治改革の動力の一つである。国家の中立性は先述したような中立とは言えないような力とその相互関係から促進されたものなのだ。

中国の改革の中で総括すべき経験はたくさんある。人事にかかわる戦略、教育改革、その他の経済政策の実施等々、しかし私は先述した幾つかの領域にかかわる最も根本的なもの〔社会主義時代に蓄積されていた社会的な資源〕が、常々無視されていると思っている。しかし、そういったことが二〇世紀中国において、最も独自の経験となっているのだ。

四

グローバル化、リージョン化、そして市場化という新たな環境の下、先述した各条件もまた重大な挑戦を受けつつある――それは、社会組織、経済活動、政治主体の基礎がまさに変化していることである。新たな歴史条件とその変化の方向を把握できなければ、有効な新たなメカニズムや政策も形成できないだろう。それらの変化を理解するには、現代世界における新たな趨勢に対して総括を加えなければならない。

まず、グローバル化の趨勢において、伝統的な主権はまさに重大な変化の中にある。目下のグローバル化の進行は、主要には二つの方向を体現している。一つは、資本の国境を越えた運動、またそこから生み出される国境を越えた生産、消費、移動、そして大規模な移民や貿易と投資によって形成された市場への依存性、まさに様々な危険を伴ったグローバル化の方向である。第二に、それら国境を越えた資本の運動に対応し、またそのような危険を制御するために、新たな国際的な協調メカニズムが形成されている方向である。例えば、WTO、EU連合、その他の国際的あるいはリージョナルな組織がある。すなわち、前者の方向は言ってしまえばアナーキーな力であり、後者はそのアナーキーな力に対して加えられようとする協調、あるいは制御のメカニズムであって、両者の力は同時に相互作用し合っている。またこれらの重大な変化に伴って、国家主権の形態も変化せざるを得なくなっている。

前者〔グローバル化の方向〕の話題に戻るなら、主に一九八〇年代の末期の後、中国は徐々に輸出型の経済形態となったということがある。生産のトランスナショナル化によって、中国は「世界の工場」となり、以前と全く違った労働力と資源の配置を持ち、沿海と内陸、都市と農村との新たな関係が生じた。すなわち、金融システムの段階的開放に伴い、外貨準備高も世界第一位となり、経済発展はかなりの程度国際市場に、特に米国市場に依存するようになった。いわゆる「チャイメリカ」という概念は、ある程度は誇張であろう。しかし、相対的に独立した国民経済がある程度依存的な経済へと変化して行くことへの強い寓意がそこに読み取れる。さら後者〔新たな協調メカニズム〕について言及してみると、中国は世界の貿易機構その他の国際条約や協定に加入し、また積極的に別の地域の組織にも参加しているわけで、伝統的な意味における主権概念では、既に中国の主権構造を描写できなくなっている。目下の金融危機が示しているのは、以下のことだ。危機の本質はまさに、社会の自主性の動揺に存しているということ、また他のどんな場所での危機も自身の危機に跳ね返って来る可能性がある、ということである。すると危機を克服する仕方もまた、単純に旧式の主権に訴えれば処理できる、ということにはならない。国際的な協力は避けられない選択である。そういうわけで、グローバル化という条件の下、開放的な国際ネットワークの中で如何に自主に関する新しい形式を形成するかということ――これは歴史を参照しながらも、新たに見つけ出さねばならない課題である。

その次に、グローバル化される領域だけでなく、国内関係においても国家の役割に変化が生じていることに注目してみたい。簡単に「集権主義国家」といった概念から中国の国家の役割を描写したところで、国家の役割のプラスとマイナスを容易に混同してしまうだろう。中国の改革はロシアのショック療法のような経緯には向かわなかったように、国家が経済調整を行う能力は比較的強いものである。中国という国家は負うべき責任を負わざるを得ず、例えば積極的に農村の危機を解決し、社会保障制度を再建し、エコロジー環境を保護し、教育に対する投資を拡大し、教育体制の改革を推し進めようとする。こういった分野に関して、中国の政府は、開発型政府から社会服務型に転化しようとするし、この転化によって中国経済は輸出への依存から内需志向へと転換もできる。しかし、そういった積極的な社会政策が可能となるかどうかは、単純に国家の意思だけで決まるものではない。三〇年来の改革を経て、国家機構は市場化改革の推進者として深々と市場活動にのめり込んだ。各部局の者たちからすれば、中性化国家という概念によって今日の国家を描写することはもう適切ではない、ということになろう。国家は孤立したものではなく、社会構造や社会の利益ネットワークに埋め込まれたものともなっている。今日の腐敗の問題は、官僚個人の腐敗だけでなく、社会政策・経済政策と特殊利益との間の問題なのである。国際関係と国内利益が今までにない力を持って国家のメカニズムの中に、またさらに法律制定のプロセスの中に浸透して来ている。この条件において、如何に国家とその公共機関は広汎な利益を代表することができるのか。少数の利益集団によってコントロールされないようにすること、これが最も切迫した問題なのだ。

五

国家にかかわる議論は、直接的に民主メカニズムの形成の問題と繋がっている。中国の国家問題を議論していくと、一つの基本的なパラドックスに直面することになる。すなわち、ある方向から見て、多くの別の国家の政府と比較すると、中国の政府能力は広汎な承認を得ているとは言える。四川汶川五・一二大地震の後のレスキュー活動、金融危機の後で迅速に市況を回復させた計画の実行、北京オリンピックという事業の成功、また各地方政府が組織を発展させ、危機を克服するに至った作用など、みな中国国家の能力が優れていることを示した。しかしその反面として、各民意調査での公衆の政府に対する満足度は比較的高い一方、官と民の矛盾はどこでもまたいつでも極めて厳しいものとなっている。新疆やチベットでは宗教や民族にかかわる要素が介入し、社会衝突が激しくなっている。最も鍵となる問題とは、そういった矛盾が常に政府の合法性の危機へと高まり議論される、ということである。翻って他のいくつかの国家を見てみると、国家能力が衰弱し、政府も為す術なく、経済が低迷し、また社会政策がうまく実行されなくても、体制の政治危機にはならなかったりする。こういった問題と政治的合法性の資源となる民主とは密接な関係があるだろう。

八〇年代では、民主の問題はかなり単純であった。二〇年来の民主化の波を受け、ある見方からすると、民主は依然として最も重要な政治的合法性の資源ではある。ただその一方で、東アジア地域においては、単純に西側の民主を真似るやり方は既に八〇年代〜九〇年代の魅力を失いつつある。新たに沸き起こる民主の危機と「カラー革命」が色褪せたことに伴い、一九八九年後の東欧、中央アジア、また他の地域で生じた民主化の波も退潮するところとなった。それと同時に、西側社会と第三世界の民主国家(例えばインド)において、民主の空洞化はまさに普遍的な民主の危機を体現していると言える。その民主の危機は、市場化とグローバル化の条件と密接に繋がっている。第一に、戦後の政治的民主の主要な形式は、多党また二大政党とカップリングされた議会制であった。しかし市場化が進行する条件の下で、政党はその初期の民主が有していた代表性を失い、票を獲得するためということで政党の政治的価値が日増しに曖昧となり、そのことで議会制民主が骨抜きになっている。第二に、民主と国家の間の関係がグローバル化の条件の中で挑戦を受けつつあるということ。経済ネットワークが日増しに伝統的な国民経済のカテゴリーを凌駕しつつあって、関連する実践は一国内だけでは合意できず、如何なる国家の政治的行動も国際体制に合わせなければならなくなった。第三に、政党の利益集団化、さらにその寡頭化に伴い、形式民主は日増しに下層社会とズレた政治構造となり、下層の利益要求は政治領域の中で発言権を持たず、従って下層社会はアナーキーな自衛行動を採らざるを得なくなっている（例えば、インドの「毛派」の台頭など）。形式民主とは言わずとも、国家自体が、多くの地域において空洞化している。第四に、選挙は大量の金銭と財力に頼らざるを得ないもので、幾つかの異なった民主国家においても、合法的また非合法的な選挙活動の腐敗があり、勢い選挙の公的信用を破壊してしまっている。ただこれにより民主の価値が既になくなった、ということにはならない。問題は、結局のところどのような民主であり、民主の形式なのか、ということである。如何にして、民主は空虚な形式ではなく、実質的な内容を持つのか、ということである。

中国の政治体制もまた、重要な変化を生じている。その一つは、政党の性格変化である。一九八〇年代、政治改革の目標の一つは党と政府を分離することであった。一九九〇年代の後、党と政府の分離はスローガンとしてもなくなり、具体的な実践と差配において、党と政府が合体することが日常的な現象となった。私は、このような現象を政党の国家化の流れ、として整理している。なぜこのような趨勢が現れたのか、深く分析するに値するだろう。伝統的な政治理論に照らしてみると、政党が衆意を代表し、議会での闘いと弁論を行い、そこでの手続きとしての民主を通じて、国家の一般意思を形成し、いわゆる主権、すなわち一般意思が発露される、ということになろう。中国では、共産党の指導の下に複数の政党が協力するという体制が各党の代表性の基礎であった。しかし、市場社会という条件の下で、国家機構が直接的に経済活動に参与すると、国家の異なる部局と特定の利益団体がお互いに絡まり合うようになり、改革初期の「中性化国家」はまさに変化を余儀なくされつつある。国家に比して、一方の政党は経済活動から遠いところにあって、むしろ相対的な自主性を持ち、「中性的」に社会的意志を表すようになっている。例えば、今日の反腐敗運動は、政党のメカニズムによって実施されている。一九九〇年代以降、国家の意思というものも政党の目標を通じて表現されるようになった。例えば、「三つの代表」論〔共産党は先進的生産力、先進的文化、中国の最も広範な人民の根本的利益の三つを代表する〕から「和諧社会〔調和型社会〕」、また「科学的発展観」もそういう具合に出て来たものである――そういったスローガンは政党の個別利益の代表性を示すものではなく、直接的に全民的な利益に訴えかけるものである。このような意味において、政党は主権の中核ともなっている。

しかし、政党の国家化には、二つの課題が突きつけられる。まず、もし政党と国家の境界が完全に消失したとすると、どのような努力によって政党が国家のように市場社会の利益ネットワークに陥らないようにするか、ということ。そして第二に、伝統的政党の普遍的な代表性とは、明確な政治的価値から完成されるものであったが、すると政党の国家化とは政党の政治的価値の減退や変質を意味することになる。もし国家が「中性国家」であることと政党が政治的価値を有することに密接な関係性があるとすれば、新たな条件の下において、中国がずっと持ち続けていた普遍的な代表性のメカニズムとは結局どのようになっているのか、という問いが出て来る。そしてさらに、いくつの問題が出て来るだろう。政党とは最終的に、どのような力に依拠して自身を更新させることができるのか。また如何に、一般の人々の声を公共領域の中で響かせることができるのか。また如何にして、本当の言論の自由と協議のメカニズム、また官と民の交流があって、不断に国家と政党の基本路線と政策に対して調整が働くことになるのか。また如何に広範に国内及び国際的な力を吸収し、最も広範な民主を形成できるのか。……こういったことは、政党が自身を更新する際に避けられない問題である。

社会主義国家の政治的正義は、一種の階級概念を中心にして作られた普遍的正義であり、それは労働者階級の指導的地位、工農同盟という政治的基礎、また民族国家という普遍的代表性、そして被圧迫階級と被圧迫民族のインターナショナリズムを含み込んだものであった。このような枠組みにおいて、労働者階級の尊厳の問題は階級解放とともに人類の普遍的解放の問題となるのであった。この「解放運動」を推進するのは労働者階級である――それが、労働運動、農民運動、工農同盟、統一戦線とインターナショナルな連帯を推進するのである。まさにここにおいて、「政党の国家化」をメルクマールとする政治の転換は、経済形態の転換であるだけでなく、脱政治のプロセスでもあるということになる。それが意味するのは、社会主義国家の失敗と、階級を中心とする人民政治とその政治的正義の瓦解である。すなわち、新たな階級形成にあって、憲法が規定するところの労働者階級の指導的地位は十分にアイロニーに値するものとなっている。三農危機と都市・農村の分化において、工農同盟は完全に虚構となった。またこの地域的分化の中で、経済と社会の分化は、直接的には民族衝突として出現することとなる。また国際関係において、市場ロジックがインターナショナルな連帯に取って代わってしまった。これがつまり、代表性の亀裂であり、政治形式と社会形式との相互のズレの内容である。

中国の政治の変革問題を考えるに当たって、我々はこのような問題を考慮しなければならない、またこの中から中国の民主の道筋を構想することが必要である。思うに、具体的に三つの方面から考えなければならないだろう。第一として、中国は二〇世紀に長期に渡る激しい革命を経験し、中国社会は公正さや社会的平等に対する要求が極めて高い。この歴史的政治的伝統は、如何にして目下の条件下の民主的要求に転化し得るのかということ。つまり、何が新たな時代の大衆路線、あるいは大衆民主となるのか、ということである。第二に、中国共産党という、これまで激しい変化を重ねて来た巨大政党について。中共は、日増しに国家機構と混ざり合いつつある。如何にしてこの政党のシステムがもっと民主的なものになるのか。また党の性格が変化している中、党は如何にして国家に対して普遍的な利益を代表し得ることを保証させるか、ということである。第三に、如何にして社会的基礎に上に、新たな政治形式を形成し、大衆社会に政治的エネルギーを獲得させ、新自由主義市場化によってもたらされた「脱政治化」した状態を克服できるか、ということである。中国は開放的な社会であるが、労働者や農民、一般の人々は公共的なものへと参与せんとしても、十分な空間とその保障が用意されていない。中国はどのようにして、社会の声や要求を国家の政策レベルへと反映させ、資本の独占やその要求を牽制できるのか、これが鍵となる問題である。資本の自由か、あるいは社会の自由か、両者はかなり異なるものである。こういった問題は具体的な問題であるが、重要な理論的命題もそこに含んでいる。つまり、グローバル化と市場化という条件において、何が人民中国の政治的変革の方向になるのか。また如何にして、改革開放下の条件において中国社会の自主性を形成するのか。普遍的な民主危機という条件の下、こういった模索のグローバルな意義は、もはや言うまでもないことであろう。

大陸と台湾の間の両岸は、いわずもがな冷戦時代に規定された地政学的位置にあるのだが、またポスト冷戦期の政治体制を見た場合に、同様にして大きな政治的差異を有している。にもかかわらず、政党の国家化は別々のあり方であれ、浮上して来ている。二〇一四年台湾において、柯文哲が無党籍の立場から台北市長になる出来事が生じたが、その後の二〇一五年五月一三日、今度は洪秀杜が四六%の民意調査の支持率を獲得するところとなった。国民党では候補者指名選挙におけるいわゆる「レンガ防御システム」〔予備選挙の際、不人気な人物が候補者になることを防ぐため、民意調査の支持率で三〇%を超えることが義務付けられている〕を有しているが、これを通じて、国民党の代表として二〇一六年の総統選挙へと希望を繋ぐことになった。前者は、無党籍の身分で民進党と台湾団結連盟の支持を得ており、後者は党籍を有しているものの党主流派の支持を得ないままであって、「非党派」的な役回りとなっている。両者は出自や役割は違うけれど、伝統的な政党政治の存在から縁が薄いというところで類似性があり、この類似性がまさにそれぞれの成功の重要な条件となっている。二〇〇〇年代から、総統選挙で生じた政権交代から今に至るまで、わずか一五年である。既に、両党の競争を中軸とする政党政治の衰退が明らかとなっている。社会運動の側から見ると、政権交代があった後では、初期にあった「党外運動」〔国民党の党外として始まった反体制運動〕は選挙政治を主軸にし、政党の要求が先行する大衆運動に変化して行った。しかして、赤シャツ運動〔総統職にあった陳水扁の辞任を迫った大衆運動〕の発生からひまわり運動〔太陽花運動〕の展開まで、両党政治への失望は既に社会的コンセンサスとなっている。ただ事実として、藍／緑対決、アイデンティティ政治、統独論争、そして反共イデオロギーが依然として台湾選挙の政治的促進剤である。しかしそういった議題では、両党が引き寄せようとしている「中間地帯の選挙民」を留め置くことは難しい。一方、社会の経済政策と国際関連の政策ではほとんど重なってしまっている。選挙政治の中、民進党が早くから推し進めた「全民調査」のモデルにしても、以前の政党政治のモデルとはズレたものである。そういうわけで、柯文哲が台北市長になったことと、洪秀柱が候補者として勝ち上がったことは、まさに台湾の政党政治の代表性に亀裂が存することの結果なのである。

六

過去数百年、グローバル権力には幾つかの転移があった。それは常に西側で起こったことだが、ここ二〇～三〇年の間に、アジアの地位、特に東アジアに変化が生じた。米国は長期に渡って重要な覇権国であり続けているが、かつてのような絶対的なものではなくなり、いわば衰退しつつある覇権国であると言える。長期的な観点からすると、経済成長の重心が太平洋地区及び東アジアに移って来たということ、世界的な権力ネットワークにまさに構造的な変化が生じている。経済危機の可能性が条件としてある中、中国と東アジアの経済的発展の速度も以前よりは速くはなくなっている。しかし全世界において、東アジアは依然として成長が最も高い地域である。中国の台頭は、米国の地位に取って代わるものではないが、中国とこの地域の世界経済における地位の上昇は伝統的な三つの世界構造〔第一世界、第二世界、第三世界〕を変化させ、世界の多極化形成に貢献をもたらした。前回の金融危機は、メルクマールとなる事件であって、それは一般的な調整では済まされず、大きな構造的変化の一環を為したことになる。

特に注意を要するのは、既成の世界的な覇権構造とは、単に経済的覇権または経済構造だけを指すのではなく、政治社会ネットワークと文化的価値のまとまりとしても存在している、ということである。目下、経済の構造調整が進められている一方、文化と政治の変化に関して、より多くの創造的な仕事が求められている。新しいモデルや新しい社会組織は自然に出来上がるわけではない、人が造るものである。もしも前回の危機がもたらした構造的な変化というものが単に地政学的なレベルの転換であるだけなら、それは覇権の転移を示すだけに過ぎない。今日、議論すべき重要な問題は、中国はどのような国際的地位を求めるのかということ、どんな社会組織を求めるのかということ、またどんな政治文化を求めるのか、ということである。言い換えると、我々は経済危機とともに、新たな政治、新たな文化ということを一緒に考えなければならないのである。

中国経済の成長に伴って、中国はまた広汎な国際協力と市場を求めなければならなくなっている。中国による、アフリカなどその他の地域でのプレゼンスが西側世界に多くの議論と不安を巻き起こしている。すると、中国はグローバル化のプロセスの中で、オルタナティブな発展の道を探すだけでなく、西側世界が他の地域に行ったやり方を繰り返さないようにすること、これが重要な課題である。中国はかつてインターナショナリズムの伝統があったし、しっかりと第三世界の運命に関心を寄せていた。また中国も第三世界に位置づけられるのであって、特にアフリカとラテンアメリカでの名声もあって、今でもその恩恵にあずかっている部分がある。これらの伝統は、市場化とグローバル化の条件下においても、効果を生み出すのだろうか。元々の性格として資本主義経済は、拡張性を持っている。エネルギー資源その他の資源に対する需要はもちろんのこと、世界的規模でも一国的規模でも拡張性を有している。まさにこの意味において、中国の近代インターナショナリズムの伝統が新たに呼び戻される必要が出て来ている――それはかつての革命の輸出の方式ではなく、心から第三世界の生存と発展と社会的権利を尊重し、グローバルな規模において平等と民主と共同の発展の道筋を求めることである。だからこそ、覇権の角度から世界構造を分析することを放棄してはならないのである。それを放棄するなら、中国のグローバルな位置に対して深く、正確な分析が行なえないだろう。

また、国際的な地位の問題と国内関係の変化は相関的である。中国はどのように商業、そして政治文化を発展させようとするのか。それと米国式の覇権とはどのように区別が付けられるのか。それは、かつての資本主義とは違ったものであらねばならないはずだ。市場は文化と政治に重要な作用を及ぼすわけだが、市場のロジックを統治のロジックにしてはならない。経済体制から見ても、労働者の地位は明確に引き上げられなければならないし、エコロジーや自然環境も改善されなければならない。そこで政治と経済の関係の変化に重点をかけて分析しなければならないのだが、議論は非常に低調である。目下の構造的危機とは既成の主導モデルの危機であり、今まさに新たな政治が創造されるべき時なのだ。

第一章

政治と社会の断裂

現代政治における代表性の危機とは何か

羽根次郎　訳

グローバル政治における代表性の危機

現代政治における「代表性の断裂」の状況には、これまで存在してきた各種の政治危機の問題が含まれている。まずは政党政治の危機である。政党政治がその形を整えたのは一九世紀ヨーロッパにおいてであり、それは中国でも二〇世紀における最も重要な政治的刷新となった。辛亥革命の頃の中国の政党政治は、ヨーロッパ立憲政治の枠組みでの複数政党−議会体制に倣おうと試みたものの、国家の分裂と帝制の復活、そして共和制の危機という背景の下、革命党員及び多くの政治エリートが追い求める主要政治目標は変わっていった。現代中国を形作る独特な政党政治には条件が三点存在する。第一に、中華民国が成立してから、地方の分離と武力による国土分割の問題は政党党員の活動と関連があり、新たな全国規模の政治をいかに作っていくのかが、民国初期における政治的思考の中で重要な文脈をなしていた。第二に、第一次世界大戦の際、西洋の各政党は国家によるナショナリズムに続々と動員され、これがヨーロッパにおける戦争の政治的原動力となったがために、戦後ヨーロッパ思想界では伝統的な政治モデルへの再検討が活発化し、政党政治をあらためて見直そうとするムードの中で中国の政党政治の再編も進められた。第三に、第一次世界大戦の硝煙の中で勃発したロシア革命についていえば、ボルシェビキ体制を、ブルジョア階級の政党政治を乗り越える政治モデルと見なす革命家も一部にいた（ボルシェビキ及びその政党モデルに関する論争と思考もほぼ同じ頃に行われたが、ここでは詳しくは述べないこととする）。言いかえれば、こうした革命の世紀に政治の中心を占めた政党体制はむしろ、政党政治の危機と失敗の産物なのであった。危機に瀕していた政党体制との関連についていえば、ロシア革命の影響を深く受けたこの新しいタイプの政党体制には、「超大政党」（原文では「超級政党」）と「超越政党」（原文では「超政党」）の二つの要素が備わった。ここで「超大政党」というのは、競争しあっていた国共両党（中国国民党と中国共産党）の目標がともに、議会という枠組みの中での競争型政党政治を築くことではなく、覇権的（あるいは指導型）政党体制を築くことにあったことを指している。また、「超越政党」というのは、「代表性」に基づく国共両党の政治が、議会の枠組みの下での複数政党政治や二大政党政治とは異なっていたことを指している。両者は、グラムシがかつて述べた、未来を代表する「新君主」により近い存在であった。諸々の階級政治の基盤の上に、無産階級や労農同盟、民族解放の統一戦線をその政治的代表性の中身とした共産党は、農民運動や大衆政治からかけ離れつつあった国家政治中心の国民党を打ち負かしたのである。

西洋の複数政党制であろうと、中国の一党指導下の複数政党合作制であろうと、政党が有してきた代表性は日を追うごとにぼやけてきてしまっている。中国についていえば、無産階級や労農同盟、統一戦線などのカテゴリーが曖昧化したために、政党の代表性とその政治は大きく変わった。「代表性の断裂」――つまり政治体制と社会的形態との間の分離――について、私は色々な機会を借りてはすでに議論してきた。『去政治化的政治、覇権的多重構成与六十年代的消失』（うち一部については石井剛氏による日本語訳「中国における一九六〇年代の消失――脱政治化の政治をめぐって」が、汪暉著（石井剛・羽根次郎共訳）『世界史のなかの中国――文革・琉球・チベット』（青土社、二〇一一年一月）に所収）では脱政治化する政治の問題について集中的に論じてきたし、『代表性断裂：再問〝什麼的平等〟』〔代表性の断裂——「何の平等なのか」を再び問う〕では、平等の危機の様々なありようと、それが代表性の危機と取り持つ関係性について説明した。私が考えるに、代表性の断裂やすでに述べた分離の問題とはまさしく、脱政治化の結果であり、そのうち重要な症状とは政党の国家化である。政党の国家化とは、政党が国家のロジックに服従していくことを指しており、その職能のみならず組織のあり方までもが少しずつ国家機構と構造が同じものになっていくことで、政治組織や政治運動という意味での政党の特徴は失われてしまう。政党の国家化には、互いに関わりあってはいるが全く同じというわけでもない二つのタイプがあることを見てとれる。一つはプレ改革期における政党の官僚化、もう一つは市場化の過程において、政府自体の企業化の趨勢にともなって生まれる政党と資本との協力関係である。政党についていえば、「代表性の断裂」が集中的に現れるのは、これまでの階級カテゴリーを超越するような普遍的な代表性が政党によって宣言されながらも、大衆とりわけ底層の大衆との関係がさらに疎遠になっていく形においてである。労働者や農民への保護政策は探し出せても、労働者や農民に関する政治と政党政治との間に有機的な関連性を見つけることは難しい。

政治体制と社会的形態との分離は、社会主義あるいはポスト社会主義国家にのみ現れることではなく、欧米の政治制度や、欧米式の議会政党体制を枠組みとする政治制度の中にも現れている。例えば中国では、政党の階級的基盤と政党本体との関係は日々曖昧になっているが、西洋でも、政党が有していた左右両派の違いは見えなくなってきている。現代における政党の代表性がかくも根深く断裂していることより考えられるのは、一九〜二〇世紀的な意味での政党政治はもはや存在しないか、あるいは局地的にしか存在せず、いまや「国党政治」〔中国国民党政権下での党による国家支配を表す用語である「党国政治」とは逆の、国家化した党という意味で「国党政治」と名付けられている〕への転化すなわち政党の国家権力への変容のプロセスが進行中あるいは完了済みなのである。現代の政党政治には、一九世紀や二〇世紀前半に行われたような、目標がはっきりとした政治運動はなかなか見つけられない。政党の規模拡大と、政党による国家権力の独占はよく政党の拡張と解釈されるが結局のところ、政党が国家を制御しているのか、あるいは国家の論理が政党を支配しているのか、ということを真面目に問い詰めていけば、その答えはおそらく後者ということになるだろう。政党と国家の境目はますますぼやけてきており、双方が同一構造へと向かったその先にあったのがまさに、政治的代表性の喪失なのである。その結果、政治領域での権力関係は、社会－経済領域での不平等を調整したり緩和したりすることに役立てなくなったばかりか逆に、不平等がもたらされる制度的条件を作り出してしまった。代表性の断裂という条件下で政治家たちが用いるレトリックはその大半が、権力の全面的掌握のためのパフォーマンスとなっており、いきおいテクノクラートが重要な地位に大規模に位置づけられていくことになってしまっている。西洋の複数政党制や二大政党制のモデルにおいて政党が果たす役割とは基本的には、選挙を軸として展開される四年あるいは五年に一度の社会動員であり、それは首脳を交代させる国家装置のようにみえる。中国の超大政党にはもともとは強い政治性が備わっていたが、この政治性をつなぎとめていたのは、厳密な組織や分かりやすい価値基準であり、さらに理論と政治実践との間の力強い相互作用を通じて展開された大衆運動であった。しかし、今日の政党モデルの下では、党組織は行政組織と形がそっくりであり、政党は管理装置の一部分として、その動員と監督の職能がますます国家のメカニズムと同じ構造になってきており、その官僚体制的な特徴があらわになる一方で、政治性は逆に弱まってきたり、ぼやけてきたりしている。政党政治が瀕する代表性の危機とは政権政党の危機というだけではない。非政権政党の危機というだけでもない。中国では民主党派〔現代中国で中国共産党以外に存在する八つの合法政党の意〕の代表性にしても、従来のいついかなる時よりも曖昧になってきてしまっている。

先述の過程と呼応しあっているのが、国家と社会の間にある公共のメカニズム（西洋では議会、中国では「両会」〔全国人民代表大会と中国政治協商会議の意〕）に代表性が失われつつあるという問題である。議会民主主義の制度下では、議会の議席は常に政党が中心となって占められている。とどのつまり、議会とは国家の一部分なのか、あるいは何らかの公共圏を体制化したものであるのか、これについては理論的には様々な見方が存在する。ただ、政党の国家化という流れにともない、議会と社会との間の関連性は日を追うごとに疎遠になってきている。私はインドを訪れた際、草の根の社会運動には、より強い活力が備わっていることに気づいた。だが、議会権力が政党に占められているために、たとえ活力に富む運動があったとしても、公共の政策領域でしかるべき役割を果たすことは難しいのである。一方、中国の人民代表大会は代表比例制度〔（農民・工場労働者・知識人・女性・少数民族・軍人など）職能や帰属の比率に応じて代表（議員）が決められる制度〕を採用しているため、政党中心の議会体制からは少し距離がある。とはいえ、この制度が実際運用されるには、人民を中心とする政治的支持が必要であるが、こうした政治はひとたび衰えたりモデルチェンジが行われたりすれば、人民代表の形成過程だけでなく、人民代表大会が中国の政治生活において占める地位にもまた、名実が揃わぬ局面が現れてしまうことになる。かつて、人民代表大会の代表者比率について、例えば労働者と農民の中国社会に対する貢献とその人民代表大会での発言力との間にバランスがとれていない、といった批判が多く提起されることがあった。代表性のメカニズムと社会的権力関係との構造的同一性とはまさに、代表性の政治に危機的な症状が生まれているということなのである。

典型的な公共圏には、メディアに見られるように、公共性の危機が訪れている。メディアの大規模な拡張には公共空間の萎縮が伴い、それはメディア産業の自由が、公民〔「公民」は主にcitizenの訳語として近年中国で頻用されている語彙である〕の言論の自由に取って代わる形で現れ、メディアと資本と権力の関係はこれまでになく緊密となったばかりか、さらにもとは政党などの政治組織が引き受けてきた役割を受け継ごうとすらしている。イタリアでは、ベルルスコーニのメディアグループが伝える価値観によって、〔ベルルスコーニという〕犯罪の容疑者が投票選挙政治でいくたびも当選してきた。メディア――とりわけ大規模なメディア集団（私有か国有かを問わない）――とは公民の言論や公共の意見を自由に盛り込める器であるなどと軽々しく見なすことはできず、むしろ公共という形で現れた利益ネットワークなのである。メディア勢力が政治領域やその他の公共圏に浸透する過程は、民主化としてではなく、こうした領域への植民地化としてしか理解しえない。表象のレベルでは、メディアは政治をコントロールしているといえようが、実際には政治領域もまたメディアによって日々植民地化されており、政治家がポピュリズムに走り、その言葉遣いが世界のメディアの論理に服従する一方であることはもう偶発的現象などではない。九〇年代以降の中国でもメディアの産業化とグループ化が進められたが、それは政党〔つまり主には中国共産党〕が市場化に適応するために定めた新たな政治経済戦略の結果であった。しかし、政党の国家化や政府の企業化、メディアの政党化が重層的に進むにつれて、メディアと政党の関係は、今や互いにもつれあった二種類の利益間の駆け引きへと進展しつつある。この駆け引きは民主や自由に訴えかけるのではなく、安定や法治、大情況などの名目に訴えるのだが、その内実は公共の意見と国家との対抗関係というより、むしろ公共のニーズを口実に生まれてきた軋轢や対抗関係と言うべきである。言い換えれば、これは現代の権力再編における対抗関係なので、対抗する双方に利益の相違はあっても、その政治言語はほとんど同じなのである。現代中国では、報道の検閲制度がもたらす問題が長らく存在しており、公共言論圏では真の変革が待たれるところであるが、現在の情況に則して見ると、この変革は目下ただ単に報道の自由に名を借りて生まれた権力闘争でしかない。今日、公民の言論の自由を抑圧するやり方は変わりつつあり、メディア権力も日頃は抑圧的なメカニズムの一つをなしている。この闘争において、政党化したメディアと、メディア権力を繁殖させた従来の政党との間の政治競争が活発に展開されており、もしも前者が後者より政治的なエネルギーや特徴を有しているというのであれば、後者はイデオロギー機能を失い、どうにもならない権力装置ということになってしまうだろう。ただ、両者は実際のところ密接に結びついており、互いの駆け引きによって、公民の言論の自由や政治的な議論といった問題に取って代わったり、それらを隠蔽したりしている。

さて、第三の問題は法律の危機である。脱政治化という条件の下では、法的手順は利害関係によってコントロールされるのが常である。これは一般的な手順において現れるだけでなく、法律が作られるプロセスの中にも浸透している。したがって、法律と政治との関係を再検討することは今や、法律改革にとって避けて通れぬ問題なのであり、手続主義の観点を一般的な意味で言明するだけではすまなくなっている。以上のこれら三領域の問題が、今日の政治改革の実質的な内容を形作っているのである。

ここで以下の問題提起を行いたい。すなわち、政党政治が国党政治へと変容するにともない、「ポスト政党の政治」が現れる可能性があるのか、という問題である。ここで論じている「ポスト政党政治」とは、政党が大規模に存在する現代の状況においては、政党がすでに消え去った状態における政治を指しているのでは全くなく、政党のありようとして「ポスト政党」としての特徴がすでに備わっているということを指している。一九世紀の政党とは、政治運動の基盤の上に打ち立てられたものである。一方、「ポスト政党」が指しているのは、政党は相変わらず政治という舞台の主な演者であるものの、その実一九世紀の政党に備わっていたような代表性を失ってしまっており、政党本来の論理を失ってしまったということである。こうした新たな展開に寄り添っているのが政治の形式上の安定性である。つまり、主たる政治制度は政党政治の代表性という原理の上に依然屹立してはいるが、まさにそれゆえに、代表性の断裂が政治危機の主要な症状となってしまっているということなのである。

「ポスト政党政治」がじかに向かい合っているのは、代表性の再構築をいかに行うのか、あるいはいかなる意味で行うのか、という問題である。二〇世紀中国における政治実践そして政党政治においてすでに、「ポスト政党政治」の要素は活発な姿で存在していた。ただ、そうした要素は当時は主に「超大政党」として現れたのに対して、今の「政党政治」は「超大政党」としての実践から変容してきたものである一方、「超大政党」が国党体制へと脱皮する条件下でもたらされた産物でもある。「代表性の断裂」を克服する方法を模索することは、一つにはいかなる意味で代表性を再構築するのかを探求することであり、もう一つには「ポスト政党政治」の新たな道筋を探求することである。今日、「代表性の再構築」とはかつてのスローガンと実践を繰り返すことでたやすく成し遂げられるものではありえない。

結局のところ、代表性の政治にいかなる問題が生まれてしまったのか、そして社会構造の変化と政治体制との間にいかなる亀裂が走ってしまったのか、そういうことをはっきりとさせねばならない。こうした視野において、「ポスト政党政治」の議論は二方向から始められる必要がある。まず、二〇世紀中国における代表性の政治の原理を再認識することであり、次に「ポスト政党の政治」の条件と可能性を議論することである。

二〇世紀中国における代表性の政治原理の再構築

まず以下において、二〇世紀中国における代表性の政治原理をあらためて理解しておく。代表性の問題、ならびにそれから派生する代表制度の問題は、現代政治制度の核心的問題である。一九世紀と二〇世紀の時点では、政党や階級といったカテゴリーによって、さらには、そうしたカテゴリーが国家の政治という枠組みの中で具現化することによって、代表性の政治の具体的な内容が形作られていた。君主制が衰えてからというもの、代表性の政治が関わったのは民主の問題であった。中国における代表性の政治と、議会複数政党制や普通選挙制を中心とする西洋における代表性の政治とでは、政治原理が異なる。この前提こそ、今日では逆に最もたやすく無視されたり分かってもらえなかったりしている。ここで一つ、民主の形式についてはっきりとさせておきたい。――普通選挙制による西洋式の民主は民主の唯一の形なのではない。民主は抽象的な形であると同時に、必ず政治的原動力を持っていることを前提としている以上、この政治的原動力がもはや存在しないとなれば、いかなる民主のタイプであろうともその継続は不可能になる。

中国における代表性の政治の原理を理解するにあたっては、『中華人民共和国憲法』〔以下『憲法』と略称する〕からストレートに入っていくこともできよう。ただ、立憲政治の研究者であっても、『憲法』を引用しながら立憲政治の意義を論証することは少ない。さて、『憲法』第一条では、「中華人民共和国は労働者階級が指導し、労農同盟を基盤とする、人民民主専政〔一般には「人民民主主義独裁」と訳されることが多いが、「専政」と「独裁」とのニュアンスの相違を考え、ここでは原語をそのまま使用した〕の社会主義国家である」と定められており、第二条では「一切の権力は人民に属する」と定められている。この二つの条項で説明されているのは、社会主義期における代表性の政治原理についてである。この原理は〔「労働者階級」や「労農同盟」、「人民」といった〕あまたの基本的な政治カテゴリーから成り立っている。これらの政治カテゴリーは、単純にアプリオリなものとしてその存在を証明することも、また一般的な実証的事実へと還元させることもできない。つまり、一般的な常識に単純化することはできない。というのも、それらは二〇世紀に中国革命が経てきた政治実践の中で生まれたものだからである。

たとえば、「指導階級としての労働者階級」とは何を指しているのだろうか。二〇世紀前半、中国の労働者階級はとても弱々しい存在であった。構成者という点より見れば、中国革命とは主に農民革命であるのだから、労働者階級は何をもって指導階級になったのであろうか。——実証的な意義においては、その対立面たるブルジョア階級が一つの階級をなしているのか、という点にすら論争が存在しているのである。二〇世紀の大半の期間、中国の労働者階級は人口のごく少数を占めるに過ぎなかった。にもかかわらず、階級革命と階級政治が生まれた。逆に今日、世界で最大規模の労働者階級は中国に存在するが、この規模に相応しい階級政治は存在しなくなっている。

階級と階級政治は互いに関わりあいつつも別々に処理せねばならぬ概念である。現代中国の階級政治は客観的に存在し、その物質的基盤を当然有してはきたが、このような客観的基盤はある種の普遍的な関係性の視野においてのみ捉えうる。もしも理論的分析や政治的動員がなかったら、あるいは社会主義路線を通じて工業化を実現しようとした第三世界諸国の努力や、プロレタリアート階級の政治的主体性を作り出す運動がなかったら、プロレタリアート階級の客観存在によって自発的に、プロレタリアート階級の政治が生み出されることはありえなかったであろう。プロレタリアート階級の政治組織が形成されなかったら、そしてプロレタリアート階級及びその解放のために奮闘した運動がなかったら、プロレタリアート階級の政治もなかったであろう。プロレタリアート階級が指導階級とされたのは、一つの政治判断であって実証的判断ではなく、それは世界資本主義の展開という背景の下、中国及びその他の地域における被抑圧民族が置かれていた情況への政治－経済分析を通して生まれた。こうした意味において、プロレタリアート階級の政治とは、資本主義の内在的矛盾やその不均衡性への理論的分析から生まれてきたものなのである。ここで用いる「階級」というカテゴリーは政治経済学の分析におけるものであって、一般的な実証主義的分析におけるものではない。それは主に資本主義の生産過程とその拡張に対する分析に由来している。――資本主義と帝国主義の進展によって、中国を含む非西洋地域は例外なくグローバル資本主義の労働分業の中に組み込まれ、あらゆる社会階層と社会領域がみな、西洋を中心とした工業資本主義の発展に従属していった。このため、あらゆる社会において、自らが置かれた不平等な状態や支配に対して繰り広げられた闘争は最終的にはひとしく、階級搾取の消滅を目指すものとなった。資本主義的な階級搾取とはまさに、階級搾取の最終的形態なのであった。これこそ、現代中国で大規模なプロレタリアート階級が存在しなかったにもかかわらず、農民や学生、市民が主体となるのが常であった大規模な政治闘争と軍事闘争において、労働者階級による階級政治が大規模に発展してきた理由なのである。この種の政治の発生や、それをめぐるリアリティについては、人数の多寡をもって否定することなどできない。言い換えれば、階級政治とは資本主義の論理の下での矛盾や、そこから派生してきた階級的不平等に対する運動なのであって、政治性を帯びた階級概念あるいは指導階級という意味での階級概念は決して、社会階層化や職業的分業という意味での階級と同じものとは見なせない。指導階級の根本的な含意は、それが資本主義の論理を変える一種の駆動力であることに存在する。このような駆動力は時期によって様々な現われ方をした。

プロレタリアート階級は、人民の利益を代表する指導階級として、二つの極めて重要な社会的現実にもとづいていた。第一に、中国は農業社会であり、九〇%以上の人口が農民であったため、プロレタリアート階級の代表性は農民の問題と関わらざるをえず、農民を包摂するという基盤の上に、「人民」という政治カテゴリーを打ち立てねばならなかったことである。第二に、プロレタリアート階級は資本主義生産の付属物であるばかりか、ブルジョア階級の対立面として構築された政治的身分として、人民の普遍的利益とその未来を体現していたことである。資本主義生産の付属物としてのプロレタリアート階級――それはつまるところ実体化した労働形態ということになる――が存在することは、階級政治が存在するということにはならない。それは資本主義のグローバルな労働分業とその内部矛盾の運動に対する分析から生まれ、このような生産の論理の下で解き放たれた普遍的な推進力として姿を現す。資本主義の条件の下、民族抑圧には資本主義時代以前とは異なる特徴が見られたため、階級政治は被抑圧民族の利益をも代表することとなり、プロレタリアート階級の解放には民族の解放も含まれることとなった。次に、「指導」という概念が指すのは社会全体の運動における政治的推進力であり、それは時期によっては何らかの政治勢力の主導的役割として体現されるけれども、政治官僚体制と同一視することは決してできない。現代政治の変遷の論理とは、既存の社会構造にしたがって生まれるものではなく、資本主義の進展に対する理論的分析とともに生まれるものであり、こうした分析やその政治実践によって新たな政治主体が直接に形作られていく。だからこそ、たとえ社会の階級構造が変わるようなことがあっても、この不平等に対して生まれる政治的原動力はやはり、さまざまな形の政治参与や理論上の議論、社会での実験を通じて活力を見せるのである。

今日、二〇世紀的な政治の論理はすでに退潮に向かっており、知識人はその多くが実証主義的な方法で中国社会の階層とその政治のありようを見ている。二〇世紀の中国プロレタリアート階級は同時代の農民やその他の社会階層と比べて非常に有限な存在であり、ブルジョア階級も未成熟であったため、プロレタリアート階級が当時の政治生活で占めたポジションについて現在、右翼ばかりか一部の左翼までもが信じているのは、現代革命には社会主義的性質などあるわけがなく、プロレタリアート階級が真の指導階級になることなどもありえないということである。こうした見方はある程度は中国革命と現代中国政治の深層原理を脱構築してはいる。実証主義的な政治的観点がこのように流行っていることの背景には、二〇世紀の政治要素を築き上げてきた歴史理論分析が退潮していることが挙げられる。この観点に立つことで共有されているのは、構造的かつ本質主義的な「階級」概念であるが、それは資本主義政治経済への分析に基づいて生まれた「階級」概念が有した政治性を抹消してしまっている。

「階級」の概念はひとたびその政治性を抹消されるやただちに、実証主義の論理に沿って構造的な「階層」概念へと横滑りしていく。したがって、たとえいまなお階級概念を用いるとしても、そこに込められた意味はすでに現代社会学の階層概念と大した違いがなくなってしまう。国家を中心に展開してきた社会階層の概念においては、階層とは客観性を持った社会構造であって、そこに政治的な運動エネルギーなど備わっていないと考えられている。一方、階級概念とは政治的なものであって、国家との関係は――たとえばプロレタリアート国家あるいは社会主義国家の概念のように――前衛政党及びその階級的同盟関係を通して体現される。そして、構造的な階層概念に応じる形で、例えば政党や人民代表大会において代表比例制を採っているように、構造としての代表制度が立ち上げられる。それとは逆に、二〇世紀の階級概念は社会階層の要素を含んでいたがゆえに、その政治にも代表比例制などの要素が含まれていたものの、同時にそれは政治性を備えたものでもあり、政治的代表性あるいは政治的指導権の概念と密接に関わっていた。いわゆる大衆路線とは、これら政治的代表性と政治的指導権を体現させたものであった。それゆえ、今日の社会科学の理論では、代表性の危機も、二〇世紀に代表性の政治が生まれた原因も説明しえないのである。脱政治化という条件の下、たとえ政党や人民代表大会などの制度の内部で、(労働者や農民といった)何らかの階層の代表議席が増えたとしても(これは必要であり、また積極性を有するものである)、代表性の断裂という苦境は決して解決しえない。再政治化と、代表性の再構築は、同じ問題に対する異なる表現方法である。再政治化というのは、現代資本主義の内部矛盾及びその不均衡に対する再分析を行うこと、したがって資本主義の論理を変える原動力を発掘することを意味している。

「ポスト政党政治」の条件

もしも二〇世紀の階級政治に回帰したうえで以上の視座より考えてみると、中国の階級政治には二〇世紀の時点ですでに超代表性の政治の要素が備わっていたことが分かる。「超代表」というのは、中国の古典政治における「礼楽」と「制度」の概念で例えると、礼楽の論理ということになるはずで、その一方、代表は「制度」の論理の下で展開される。形成すべき制度として、あるいは形成し続けていく制度として礼楽があるように、「超代表」が意味するのも参与型の秩序形成という政治過程である。「超代表」の概念で強調したいのもこうした政治過程であり、それは代表制度の枠組みの中に凝縮されている。しかし両者を短絡的に等号で結ぶべきではない。

事実上、第一次世界大戦後の議会の行く末をめぐっては、各国共産党員も含めた各政治派閥間で論争が長く続いた。この論争の要点の一つとして挙げられるのは、政党を定義しなおすことであった。国共対立と抗日運動の中で、統一戦線や武装闘争、党建設などが中国共産党の政治における伝家の宝刀となり、「一切は大衆のために、大衆を頼みとし、大衆の中から大衆の中に向かう」という大衆路線は、この「超越政党」のあるいは「超大政党」の政治を形成可能なものとするための道筋となった。根拠地の建設と全国の統治という条件において、この政治実践は、たとえば選挙に関する語りや政党が有する代表性の語りなど、一九世紀から二〇世紀に西洋で生まれた代表制度の中の何らかの形式や内容を継承あるいは参考にはしていた。しかし、この政治実践に超越政党あるいはポスト政党の要素が含まれていたのは明らかである。これらの要素によって体現されていたのは、政党と社会との間に有機的かつ政治的な関係を作ろうとした努力である。

二〇世紀中国の政治的遺産の中で、中国の代表性の政治における「超代表性」には二つの重要な特徴がある。それは、文化と理論の重要性であり、そして大衆路線を通じて政党の政治活力を保持したことである。

理論に関する議論と政党の「自己革命」

中国近現代史では、文化運動によって新しい政治的基盤が姿を現すようになる一方で、政党は文化運動を馴致しようと試みた。これは繰り返し現れた現象であった。政治的代表性や政治的主体性が生まれたことと、文化運動や理論闘争とは強くつながっており、歴史研究も常に、これらの文化運動や理論闘争に従属していた。これらの運動における是非や経験、教訓などをここで詳しく分析することはできないが、ある一つの観点について論じることぐらいはできよう。それは、文化と政治の間の相互運動にずっと由来してきた政治的活力が失われたのは主に、政党が文化運動に対し、度を超えた関与や馴致を行ってきたからであり、それゆえに政治と文化の相互運動がもはや存在しなくなったという観点である。今日、文化はすでに、政治及び経済と区別しあえる領域として定義されている。それは新たな政治的主体性を生み出し続けられるような空間ではない。文化産業なる語によってマークされているのは経済社会における文化の位置である。毛沢東はかつて『矛盾論』の中で、後れた国家では理論こそが常に第一である、と言った。新たな政治を形作ろうとすれば、理論なき発展などありえない。理論の創造とは現実離れした思い込みによるものではなく、理論闘争の成否は最終的には、それが現実から遊離した理論とその教条主義政治になるのか、あるいは実践の中からやって来て実践の中に進んでいく理論とその実践になるのか、という理論と実践との関係性によって決まる。実践の重要性を強調するのは、思想や理論、路線をめぐる議論の重要性を否定したいためではなく、実際から乖離した教条主義に反対し、政党の政策的傾向と社会的ニーズとの間の分離を避けるためなのである。

中国の国家体制は党と政治との党政合体が特徴となっており、党に内在するエネルギーも危機も全てこの体制と関わっている。しかし、それゆえにここで、党政合体を軽々しく褒めたり貶したりしても、問題がどこにあるのかは解き明かせない。分析すべきは、なぜ一定の条件下で、この体制が政治エネルギーを持つことになるのか、そして、別の条件の下ではなぜ政党の政治エネルギーがかつてないほどに弱まってしまい、権力と資本の論理にひれ伏しているのか、という問題である。言い換えれば、政党と国家との関係をトータルに否認することは困難であって、この関係の様々なタイプやその中身について分析をしたほうが良いのである。中国の党政体制が形作られたことは、中国の革命家が社会主義の道を模索してきたことと密接に関わっている。資本主義私有制の矛盾を解決すべく形成された公有制はまさに、改革という条件の下に置かれた国家と資本の直接的連合に歴史的前提を与えた。国家が大量の国有資本を掌握した利点としては、国家が独占資本や寡占資本の支配を受けず、強い調整能力を持ったことがある。しかし、脱政治化の条件下では、政治エネルギーは主に国家的能力、とりわけ行政的能力として体現されてしまい、政治的能力ということにはならない。政治エネルギーが弱まるにともない、国家的能力も日を追うごとに資本を中心とする利益関係にコントロールされてしまい、こうした背景の中で国有資本は私有資本と同じく、腐敗や独占及びそこから生まれる効率の問題に直面することになる。それゆえ、国有資産の私有化ではなく、中国の国有資産をいかに、資本を中心とする利益関係から抜け出させるのかという問題こそ、問題の核心を占めることになるのである。権力と資本が結びついたことで能動性が消え去ってしまったことは、脱政治化の結果である。体制のこれらプラスとマイナスの要素はともに絡み合っており、それゆえに、もしも新しい政治エネルギーを作るための「自己革命」が不断に続いていかぬのであれば、政治危機は避けられないものとなろう。

中国革命及びその後の社会主義期において、党内で行われた理論をめぐる議論は、政治エネルギーを結集させて進むべき方向を調整するための一つの方法であった。というのも、具体的な問題から理論や路線の問題へと昇華させてこそ、新たな政治エネルギーが育まれたからであり、そうすることによって、実践に由来する議論を理解したり、制度面でのあるべき実践を理解したりすることは、誤りを正す最良の方法ともなった。しかし当時、こうした議論がたとえ、大衆路線や理論－実践の往復関係と関連していたとしても、それは党内の議論に限られたものでしかなかった。一方、大規模な改革を経験してきた今日においては、議論が社会領域にまで拡大するのは避けられない。公民の言論の自由、政治領域における議論の空間、現代の技術水準で支えうる公民の参与、中国の政治生活の主人公としての労働者の地位、これらは「ポスト政党政治」の必要条件である。そして、政治的議論と公民の参与、健全な発展といった基本的な条件は、公共圏の改革――メディア資本の集団化と政党化の論理から抜け出し、真に寛容で自由な空間を創造しうる改革――から切り離すことはできない。社会的議論と公共政策の調整との間の積極的な相互作用はこの前提があってこそはじめて実現する。今日、公民の言論の自由を制限しようとする勢力は、伝統的な政治領域のみならず、集団化され政党化されたメディア権力自体にも由来している。公共空間の拡大発展とメディアによる独占への反対とは対立する命題なのでは全くない。

理論的な議論は、政治実践から孤立した抽象的な議論とは見なせない。それは実際には実践の総括であり、そこには、実践の結果と新たな実践によって、それ以前の理論とその実践を検証することも含まれている。中国革命の経験は、実践の基盤の上に理論的議論と政治的闘争によってそれまでの誤りを正し、新たな方法と実践のための前提を作りだしてきた。毛沢東は『実践論』において、中国革命には既成のモデルなどなく、つねに学習と模索の中にあるのが革命であって、かつてかくあらざる改革などあったか、と述べている。二〇世紀、理論的議論と路線闘争が最も活発であった頃は、政治領域が最も活発で、制度の刷新が最も積極的な時期であった。今日、分権的な実践とともに、地方で試行的政策が行われることの重要性が大きく高まっており、理論面での主張もさらに多くなっているはずである。中国の改革の活力はかなりの程度、地方での様々な試みや、地方間の相互競争より生まれるものであったり、中央‐地方間の積極的な弁証法的相互作用の関係、つまり「二つの積極性」の調整の問題より生まれるものだったりしてきた。

中国革命において、路線闘争と理論的議論は密接に関わっており、新たな政治路線はまさに路線闘争を経てできるものであり、改革の過程にはその実、このような闘争が溢れかえっていた。この理論闘争と政治闘争が革命政治の中で果たした錯誤修正の役割を強調することは、この過程での暴力や専横を批判することと全く矛盾しない。路線闘争での残酷さや無情さが残した教訓は深刻なもので、共産党は民主と法治に基づいてこうした問題を解決せねばならない。しかし、闘争の際に存在した暴力現象を取り上げて、理論的議論や路線闘争を単なる権力闘争や政治的迫害であったなどと説明すべきではない。政治的迫害とは、理論的闘争の終結、路線論争の終結、そして党内での競争的実践の終結であった。政治権力とメディア勢力が行っている思想関連の議論への抑圧とはまさしく政治の終結ということでもある。歴史における暴力の総括を標榜する多くの著作では、必要な理論闘争と路線論争を否定することが主たる内容となっているが、それでは政党が持つ自己修正メカニズムの無効化と政治領域の自己閉鎖を導くことになる。こうした研究は、「脱政治化する政治」の産物以外の何者でもない。真に必要な研究とは、理論的議論、なかでも政治路線の議論につながる理論的議論がなぜ暴力的な抑圧へとたやすく転化するのか、という問題である。この問題については、政党の国家化の流れを避けながら説明することなどできない。つまり政党は、政党と国家との間にあるべき境界線が欠けているがために、相対的に自主的な理論空間をもはや持たないでいるのである。また、問題の説明のためには、メディアの政党化過程を避けて通ることもできない。メディア勢力は国家あるいは資本の政治的代理人を何らかの形で演じようとしており、したがって公共空間の植民地化を進めようとしている。批判と自己批判はかつて政党生活に必要な要素であったが、八〇年代に「不争論」〔政策遂行を優先して理論や原則レベルでの論争を抑制すべきとした論法〕が掲げられて後に否定された。――いったい、議論や闘争、検証がないまま、批判と自己批判の実践はいかに進められるのであろうか、そして政治的刷新をいかになしとげられるのであろうか。

人民戦争と大衆路線

現在、政党政治と権力構造が強く結びついている中、政党自身の変化に完全に寄り添いながら新しい政治が形成されていく可能性はとても低い。国党の条件の下、中国では国家と政党体制の官僚化は空前のものとなっており、単に政党勢力に依存して官僚化を弱めようとするのは明らかに力不足である。このため、大衆路線は政党がその政治的活力を保つための道であるばかりでなく、政治の開放性や政治への参与レベルの大幅な向上などの新しい内容を有するべきである。

大衆路線は、一九二九年に中国共産党中央が「紅四軍」に宛てた書簡において初めて提起された。しかし、「一切は大衆のために、大衆を頼みとし、大衆の中から大衆の中に向かう」というのは、政治や軍事上の戦略というだけでなく、有機的な革命政治に対する描写でもあった。「人民」と同じく、大衆も一つの政治カテゴリーであり、政党と大衆が結びつくことで生まれる新しい政治的主体性を内に含んでいた。大衆路線の文脈の中に、政党の政治と大衆社会の政治との緊密な関係をはっきりと見て取ることができる。これは中国政治の特殊な要素であり、一九世紀から二〇世紀のヨーロッパの政党政治や、それが蔓延した他の地域の政治の中で以上の要素の存在を説明することは困難である。

北伐に失敗したのち、中国共産党は都市中心の闘争から農村を根拠地とする人民戦争に転向した。人民戦争とは一つの政治カテゴリーであって、一般的な軍事概念ではない。人民戦争とは、政治主体を、そして政治主体の政治構造をつくりあげる過程であり、政治主体の自己表現形式をつくりあげる過程である。人民戦争の中で人民大衆という闘争主体が生まれ、一切の政治の形式と性質(たとえば政党や辺区政府など)が全てそのニーズに合わせるようにして生まれたり変容して出来上がったりした。このカテゴリーが現れたことで、伝統政治における代表性には根本的な転化が生じた。したがって、人民戦争からの離別という中国共産党の変容は不思議なものである。構成者の構成、社会的基盤、活動の形式、革命政治の内容などいずれにおいても、一九二一年に少数の知識人によって結成された、労働者階級や農民階級とは実質的な関係を持たなかった政党と、瑞金ソビエト政権時代の政党とは大きく違っていた。

大革命が失敗したのち、李立三や王明、瞿秋白などが率いた都市暴動と労働争議もまた、農村による都市の包囲を軍事的戦略としつつ徐々に展開していった人民戦争とは異なったものであった。人民戦争における政党と軍隊との結合、政党と赤色政権との結合、政党と農民主体の大衆との結合、政党とその他政党やその他社会階層及びその政治的代表との関係の変化など、こうしたことによって気付かされるのは、人民戦争が、歴史上の政党とは全く異なる政党のモデルを創造したことであり、歴史上の無産階級とは全く異なる、農民を主要成員として構成された階級主体を創造したということなのである。私はこの政党を、超越政党の要素を含む超大政党と呼びたい。中国共産党は結成当時、ヘンドリクス・スネーフリートがプチブルと呼んだような知識人らによって主に組織されたが、これら知識人と労農階級との関係は当時、国民党と労農階級との関係ほど分厚いものではなかった。一九二五年と一九二六年には、国民党が連ソ容共政策を受け入れたことで、国共両党は連合して農民運動に従事するようになり、広州農民講習所がこの農民運動の産物となった。国民党は一定の政治的刷新を行ったことがあり、その第一の新政策が党の軍を作り、旧軍閥に二度と頼りきりにならないようにすることであった。第二は共産党とともに農民運動に従事し、大衆路線によって北伐戦争に対応することであったが、この政策は一九二七年以降少しずつ放棄されていった。党軍の概念は武装革命によって、武装した反革命に反対するものであった。これは共産党の発明では全くなく、革命段階にまだ属し国際共産主義運動の影響を受けた国民党の刷新によるものであった。

人民戦争は北伐の中にすでにその萌芽が見られる。秋収蜂起〔一九二七年九月に毛沢東指導の下に湖南省・江西省で行われた武装蜂起〕と南昌蜂起〔一九二七年八月に中国共産党が江西省都南昌で行った武装蜂起〕の部隊は井岡山にて合流し、革命根拠地たる江西ソビエト自治区を建設した。この出来事によって、人民戦争が展開可能となった。根拠地において、土地改革と武装闘争こそが、政党政治が大衆運動に転化する基本方法であった。井岡山闘争の中心問題は、このときから革命戦争という条件下での土地改革と政権建設とに変化した。党と軍隊の結合や、党と農民運動や土地改革との軍隊を通じた結合は、革命の具体的内容と中心的任務を変え、しかも政党・軍隊・政権と農民運動との多重な結合を通して全く新しい革命政治主体を作り上げた。これこそ人民戦争の政治的基盤であった。政党や政党政治などの、一九世紀ヨーロッパや二〇世紀ロシアに由来する政治現象と比べ、人民戦争は中国革命における独創性を有した発明なのであった。

毛沢東は、兵と民こそ勝利の本である、と言った。この言葉は考えるに値するものである。第一に、動員と大衆重視が存在してはじめて戦争が進められた。第二に、強大な正規軍が要るだけでなく、地方でも武装が必要であり、民兵も必要であった。第三に「兵と民」のカテゴリーは、土地改革と政権樹立の流れのなかで生まれた。大衆路線とは、これらの歴史的条件の下における産物であり、それに含まれていた内容としてはまず、最も巨大である大衆の利益のために諸事取り計らうことが党の活動にとっての起点かつ終点であったこと、次に大衆の生活を組織するソビエトがあらゆる手をつくして大衆の問題を解決し、大衆の生活をしっかりと改善し、ソビエトに対する大衆の信頼を得てはじめて多くの大衆を、赤軍への加入や、戦争への支援、包囲戦略の打破へと動員できたことである。表面的には、大衆生活はソビエトに組織されていたが、実践上は、共産党員は必ず大衆の中に入り込み、大衆から学び、大衆と一体となることでようやく、大衆を組織するという任務、またそれゆえに自己をあらためて組織するという任務を成し遂げることができた。そのため、組織が行われなければ、大衆がどこにいるのかも分からなかった一方で、大衆と一体となり、大衆から学ぶプロセスが無ければ、組織するという行為は、活力がなく大衆を威圧するだけの構造となったわけである。ソビエトとは、大衆がソビエトそれ自体において自らを作り出す形式であり、共産党とは無産階級が自己表現を行うことができるようになる政治組織であった。広大だが工業化が進んでいない農村で、無産階級は政党運動を通じて意思を表現することを身につけた。こうした意味でいうと、政党が階級的自己表現を作り出したのであって、それゆえに政治的な階級をも作り上げたということになる。ただ、この政党は人民戦争の前に展開された政党ではなく、土地革命とソビエト建設、そして大衆路線を経て再構築された政党なのであって、それより以前の政党が農民主体の無産階級を作りだすことができなかった一方で、人民戦争と根拠地建設の中にあった政党のみはこの使命を成し遂げることができたのである。

日常生活の組織形態であったソビエトは一つの政権に等しい存在であった。しかし、この政権は一般的な意味でのブルジョア階級国家とは異なり、自覚した階級を獲得した政治形態なのであった。人民戦争という条件の下、ソビエトが置かれていたのは単純な軍事問題ではなく、日常生活の組織という問題であった。土地や労働、食料、婦女、学校などが人民戦争の主たる内容の一部分を構成していた。まとめれば、大衆路線こそ人民戦争の基本戦略であり、そしてその人民戦争が最終的には、政党の含意を変化させたり、再構築したりしたのである。これが二〇世紀中国革命の独創性の一つとなった。

大衆路線とは、大衆の中から出てきて大衆の中に入っていくことであり、「誰のためか」そして「いかに行うか」という文化政治であったため、それは政党と大衆との関係や政党と社会との関係の問題にも関わった。現代政治の基本的な外殻は国家であるが、まさにそれゆえに、政治運動は政治権力から離脱して単独で運営されることなどありえない。代表制度の問題は実際には、政党と国家との間の緊密な関連性の出現という条件下で生まれるものであり、それはつまり、政治システムが一定の代表形態を通じて形成されねばならないということになる。普通選挙や地方選挙、党内選挙、推薦、輪番、抽選などのメカニズムはすべて、こうした代表制度が機能しうる様々な方式なのである。これらの方式の優劣は絶対的なものではなく、具体的な情況に基づき具体的に分析すべきであるが、その前提として存在しているのは、民衆の、そして民衆のための活発な政治である。

しかし、代表制度の問題を今日議論しているとき、えてして忘れがちなのは、代表性の政治には超代表制という内包が含まれていることである。事実上、大衆路線にはこうした内包が含まれているため、それは一つの政治過程となる。それゆえ、大衆路線の中の大衆概念には、以後形作られるべき政治主体に関する内容が含まれることになる。大衆とは形成途中の政治エネルギーであり、政党と大衆の関係もこの政治過程の中で変化し、より一体化した関係へと徐々に転じていく。こうした関係は完全に代表性の関係であるというわけではないし、よく代表性の関係を超えてしてしまったりもする。両者はこの関係を通して互いに成形しあうのであり、したがって大衆路線とは新しい政治主体性の創造過程ということになる。この過程において、大衆は政治カテゴリーとなり、政党も大衆政治の一部となり、両者は互いに成形しあい、融合しあう。そのため、時代の変化や、新たな条件下での様々な大衆の出現にいかに対応するのかという点が、政治組織が政治的代表性を再構築するための主なテーマとなっている。この過程がなければ、政治的代表性は、それがいかなるタイプとして現れようとも、ひとしく空洞化のリスクにさらされ、したがって政治体制が大衆生活から乖離する事態を招くこととなる。代表件の政治における超代表性の問題は、代表制度の問題を論じるときによく見落とされる問題なのである。

階級政治の退潮に伴い、政党政治はポスト政党政治へと変容する。現代中国はまさに今、階級構造を再構築する一方で、階級政治を抑圧する歴史的過程を経験中であり、この過程はちょうど、階級政治が極めて活発ではあったもののプロレタリアート階級の規模が比較的に弱小であった二〇世紀と鮮明なコントラストを描いている。「ポスト政党」の条件下での「大衆路線」の政治的な中身とは何を指すのであろう。中国革命とりわけ人民戦争における大衆路線とはおよそ以下のように描写できよう。すなわちそれは、内部は極めて厳粛かつ紀律に優れた完全性を有する政党が、明確な政治的方向と使命に基づき、大衆動員を通じて大衆内部の積極分子を吸収し、それによって自分自身を強靭化させ改造していく政治過程であった。同時にそれは、大衆組織と大衆運動の自由と法的権利を十分に保障し、その独立性を尊重するということでもあった。たとえば、抗日戦争勃発後、一九三七年一〇月一六日、中国共産党中央は『大衆運動の政策について』〔原題は「関於群衆運動的政策」〕を発表し、「大衆自身による政治、経済、文化各方面の要求に関する綱領の上に、真に大衆からなる労働組合、農業組合、学生自治会、商工会、青年・婦女・児童などの団体を打ち立てる。そして、最大多数の労働者や小作農の組織は労働組合の中に組織され、最大多数の農民の組織は農業組合に組織される必要がある」と強調した。こうした大衆組織は、その内部で「広範な民主」が展開され、大衆の経済的利益、政治的利益、そして文化活動の実現を促進すると同時に、自治組織としての役割から政府の仕事にも参与していったのである。しかし、今日の国党体制の下でも、大衆路線という概念を用いることはできるが、過去の政治のあり方を反復させることはできない。政党の国家化がもたらした一つの結果とはすなわち、政治運動としての政党の終結であり、政党と大衆との関係は少しずつ国家と社会との関係に変化していった。二〇世紀的な意味での、厳正な組織と明確な目標を備えた政党はいまや存在することはなく、大衆路線を通じて育まれた大衆政治も存在しない。政治が管理のカテゴリーに変容したこと、それはまた脱政治化する政治へと変容したことなのであった。

階級再編と階級政治の衰退

政党の国家化が意味しているのは、大衆路線時代の終結である。二〇世紀とは全く異なる言語環境の中で、大衆路線を再び掲げることの含意とは何なのであろうか。国家と公民の関係において大衆について議論するのか、あるいは政党と階級の関係においてそうするのか。形成途中の政治主体たる大衆が生まれることは事実上、新しい政治形式が生まれることを意味する。グローバル化と市場化という条件の下、人民戦争の産物である大衆路線にはいったいいかなる意味があるのであろうか。大衆路線を再提起することは、いかなる政治勢力を作り上げたいのか、いかなる政治主体を練り上げたいのか、そしていかなる未来を目指していきたいのか。もしも大衆路線が単なるレトリックではないとすれば、それは一つの政治命題として、字面に表れているほど自明なものとは全くならない。

したがって、この問題を再提起することは、歴史のある時期に回帰するというより、可能性を秘めながらも不確定である未来を探っていこうとすることなのである。大衆を頼みとすることは、単に社会的監督や社会的参与ということになるだけでなく、一定の社会的組織の形式も必要となる。二〇世紀的意味における階級政治が今日存在しないというのは、活発な階級運動や公民政治が存在しないということを意味するのではない。今日の社会組織のうち非政府団体がメディアで比較的活発に報じられている一方、労働者階級や農民の運動はほとんど報道されておらず、両者は異なるやり方で、政治や経済、エコロジー、文化の問題に参入している。現在、多くの社会組織や社会運動に政治的な潜在能力が備わっているが、その全てが必ずしも政治的により積極的な方向に向かっているわけではない。金融資本主義の下では、社会運動にすらも資本の体制が浸透してくる。現代的条件においては、公民社会の議論であろうと、階級政治の分析であろうと、現代資本主義の新形態に対する分析を避けて通ることはできないのである。

金融資本主義は全世界が直面している共通課題である。金融資本主義の条件下では、資本蓄積及びその内に含まれた矛盾が前代未聞の規模となっており、バーチャル経済と実物経済との分離の規模も前代未聞のものである。社会関係は、この奇形の蓄積過程によって持続的に捻じ曲げられている。西洋諸国と比べ、中国の実体経済は規模がより大きく、実体経済と関連のある労働者群の規模はさらに大きく、国家の経済調整能力にしても多くの先進国を凌ぐ。金融資本は、業界やギルド、国家によってかつて行われた拘束より抜け出し、高い流動性と多国籍性とを兼ね備えている。金融化の条件下では、こうした発展は、ここで分析している政治的難題にとり結局どのような意義を有しているのだろうか。国家や政党、階級、各社会組織に現在どのような変化が発生しているのか、さらに研究していくべきであろう。ここで確定できるのは、現代国家と権力体系を構成する基礎的概念——主権から公民へ、階級から労働へ、など——はみな新しい形勢を踏まえたうえで、定義と分析をあらためて行わねばならないということだ。そうだとすれば、中国の条件下では、こうした問題をいかに理解するのかが、政治実践をいかに展開するのかという問題に直接関わってくることとなる。

たとえば、中国の言語環境において、代表性の危機を克服する方法の一つは代表性を再建することであるが、再建するのはいかなる代表性なのであろう。代表性再建には、労働者階級や労農同盟の概念への再言及が必要なのだろうか。金融化資本主義の条件の下、先進国は工業化の過程を経験してきたし、そして今なお経験中でもあるが、多くの思想家が気づいているのは、自らの社会において革命階級としてのプロレタリアート階級が大規模に縮小あるいは消滅してしまったということである。そのため、あまたの知識人が理論上、階級と階級政治に対する疑義を提起している。しかし、〔先進国におけるプロレタリア階級縮小・消滅という〕このプロセスの裏の意味とは、中国やその他多くの非西洋諸国における、大規模な工業化や大規模な労働者階級の形成である。ただ、グローバル化の条件下では、この階級が形成される局面は全く安定していない。再階級化は現代中国社会の重大な現象であり、階級概念の再使用は不可避となっている。しかし、プロレタリアート階級の拡張と再編は、プロレタリアート階級政治の衰退とほとんど同じ歩みの中で起こっており、新たに生まれたプロレタリアート階級政治は、従来のものと較べて、深さや規模ではるかに劣る。ここで、直ちに認識できる特徴として少なくとも二つ挙げられよう。一つは、プロレタリアート階級政治と政党政治の分離であり、もう一つは、現代の流動的な生産体系において、新しいプロレタリアート階級の集団的安定性は弱く、この点が社会主義工業化の時代のプロレタリアート階級とも、初期プロレタリアート階級とも異なるのである。

ここで、大きく分けて四種類の形式がプロレタリアートの闘争にはあると分析できる。一、自らの権益を守るために展開するストと、自らの組織（労働組合）を探求する努力がそうであり、たとえば広州ホンダ自動車で発生したストライキがそれに当たるが、これは古典的な労働者階級政治であった。二、非正規労働の短期化であり、労働者は一つの工場や会社に長期的に勤務することを拒否し、一つの仕事場に一〜二年いた後、仕事を変えてしまう。古典的な階級政治の観点から見れば、これは労働者階級の団結には不利にもなるのだが、国家や資本が労働待遇を向上させるという点からいえば、最も有効な行動の一つである。三、労働組合などの組織形態以外にも、二重に搾取されるとかつては考えられていた領工制〔労働者を引率して労働に従事する監督者－労働者の関係の制度〕もある意味、労働者闘争の組織形態の一つとなっており、つまり何らかの非正規契約の形で労働者の何らかの利益を守っている。また、それ以外にも同郷団体や少数民族の労働者が自身の権益を守るための組織などが現れた。四、個人的利益の保護を中心とした法律上の権益保護である。農村地域における建設事業は事実上労働運動を別の角度から支持するものである。この種の問題に関する議論はとても多いが、主には社会の階層化という枠組みの下で展開され、これらの組織形態にいかなる政治的な潜在能力が含まれているのかを、そしてこうしたことと伝統的な階級政治との間の合致や相違を探求することはほんとどない。

もしも代表性の断裂が、政治形式と社会形式との間の分離として現れるのであれば、一定の社会形式と有機的に関連している政治形式とは何なのであろうか。現代中国社会には階級と階級政治が存在しており、代表性再建は不可避的に現代中国社会の再階級化の問題とじかに関わっている。しかし、政党の国家化が深化するにつれ、階級的政党の再建というよりむしろ、より自主的な社会政治の形成や、生産システム内部の関係を改造する活発な労働政治への尽力こそが、「ポスト政党政治」のありうる道筋の一つとなる可能性が高い。事実上、都市－農村矛盾及びその変容、地域差及びその変容、階級関係及びその分化、そして生産及び消費形態による生態環境の破壊などが、現代の資本主義の矛盾を集中的に体現している。このため、農村建設や生態保護、発展モデルの改変、民族平等、文化的多様性の保護、労働者階級の社会的地位の変更などが、現代平等政治の推進力になるべきなのである。

「ポスト政党政治」と憲政改革の方向

なぜ「ポスト政党政治」の趨勢を持ち出す必要があるのだろうか。現在、政治変革を唱える二つの対立する立場があるが、そのいずれもが政党政治への回帰を前提としている。右翼にしてみれば、基本的な政治モデルとは、議会政治を枠組みとする古典的な複数政党政治である。左翼にしてみればそれは、政党の政治的代表性の回復あるいは再建であって、いきおい階級及びその政治形態をめぐる一連の問題を提起することになる。中国の現実から出発すれば、後者が提起する問題の方がより緊迫しているのは明らかである。しかしながら、現在の政治変革にとっては、一九世紀あるいは二〇世紀の政治モデルに回帰することを道筋と考えなければならない必然性など全くなく、新しい政治経済の現実こそが条件とされているのではなかろうか。大衆路線や思想的議論、組織の建設を通じて代表性を再建することは不可欠の政治過程であるが、その目標はおそらく旧型の政党モデルの中に戻ることではないだろう。今日、たとえ政党という名の政治組織がなお存在しても、その政治の含意には重要な変化が生じている。この変化についていうと、二〇世紀前半においてそれは自発的なものであり、超大政党が、複数政党政治の危機を克服する形で打ち立てられたことが挙げられる。その後二〇世紀後半になると、党国から国党への変容の中で変化が成し遂げられていった。この変容に内在していた受動性はとてもはっきりとしていた。こうした条件の下、いかに社会に存在する力を、より大規模に、より直接的に政治プロセス中に参与させていくのかが、新しい政治枠組みを探り出すための不可避の課題となり、政党が大衆路線を一定レベルにおいて実践できるかどうかの基本的な前提となった。そのため、政治的代表性の再建過程それ自体は旧式の政党政治にただ依存しているだけではすまされなかった。そこには「ポスト政党政治」としての実践が含まれており、今日の技術的な条件も、この実践に対してより多くの可能性を提供している。「ポスト政党政治」と言っているのは、政治組織の役割を否定するためではなく、そこにある開放性や、形成可能性、非官僚政治といった特徴を強調するためである。大衆路線と大衆政治とは政治活力の源泉であり、右翼ポピュリズムを抑制する基礎でもある。今日の社会構造は大きな変遷の中にあり、その展開や再編の方向はあらゆる人びとの利益と関わっているはずである。新たな政治的能動性は中国の大多数の人びとの利益の基盤の上に立ち上げられるべきであり、この利益とはかつて、「人民」というカテゴリーによって、その政治的内容と社会的意義とが体現された意味での利益である。「人民」概念が人口概念へと少しずつ姿を変えていったのにともない、そこにあった政治性は空洞化し、公民概念以外に普遍的な利益に関する政治的表現を見つけられなくなった。社会の細分化過程のイデオロギー上の現れは逆に、「人民」概念の唾棄となった。現代史において、人民は様々な政治勢力によって不断に流用されてきた論議の止まぬ概念であった。しかしそれは、人民概念がいついかなるときも空虚なものであったということには決してならない。大衆政治と大衆路線とが活発であった時代、人民とは豊かな活力を持った政治カテゴリーであり、その空洞化は大衆政治と大衆路線が国家官僚政治に取って代わられた結果であり、それはつまり脱政治化の結果であった。人民概念を本論文で再提起することは、人民概念を、それより流行している公民概念に対立させてみることではなく、逆に必要なのは、人民と公民という二つのカテゴリーの間の政治的関係性をあらためて打ち立てることである。公民の政治は個人主体の政治と同じものと見ることはできない。それは同時に大衆と社会の政治でもあって、したがって人民の政治でもある。民族の領域においてそれは、民族平等という政治的内包をも含み込んでいるべきである。二〇世紀の進歩政党は、無産階級としての政治的役割を掲げたが、それはプロレタリアート階級や労働者集団の自己利益に基づいていただけではない。こうした政党には、階級的使命として自己の利益を超越した普遍的意義があって、それが必然的に人民の政治、つまりは公民一人ひとりの政治であると認識していた。人民の政治が国家の権利体系において表現しているのは真に平等な政治である。平等な政治は貧困者救済の政治とも、貧困者減少の国家目標とも異なり、そこには政治的な前提と原動力に関する思考が内包されている。平等な政治の内容については多方面にわたって『代表性断裂：再問什么的平等』において分析を行ったことがあるので、ここでは贅述しないこととする。

今日における社会階層化の研究は、各階層の利益の所在を素早く明らかにしてくれるものの、普遍的利益がどこにあるのかについては分析できない。これは実証主義的なやり方では解決できない問題なのである。政治は将来積極的な方向に向かって発展するのかどうかという問題に関し重要なポイントは社会変化の内部から潜在的な力を探りだせるかどうかにあり、そうした力こそが未来の行く末を表している。この潜在的な力こそが普遍的なものなのである。潜在とは未来の現在における形式である。「代表性の再建」の議論は抑圧された潜在的普遍性を掘り出すことであって、この議論自身も未来のための闘争ということになる。いかなるタイプの政治体制でも、それが普遍性を生みだせるときに、つまり普遍的利益を代表しうるときにようやく代表性を獲得する。だから代表性再建の過程は普遍性創造の過程ともなる。私は現在にぎやかに論じられている「文化大発展大繁栄」という議論に興味を感じない。興味があるのは、文化と政治の関係の問題である。二〇世紀のように、文化のカテゴリーを通して、現実の社会構造に生じている変化を研究し、それが展開する方向を分析し、政治カテゴリーを再定義し、そして現代中国と世界の発展の流れの中から未来を代表する普遍性を掘り出す、そうしたことが果たしてできるのであろうか。これこそ提起せねばならぬ問題なのであり、避けることのできぬ挑戦なのである。

二〇世紀とは一つの予言だった。それは直ちに危機に陥る予言だった。しかし、この予言はおそらく、抑圧された可能性でもあったはずである。二〇世紀の文化及び政治の遺産を再提起することは、今となっては過ぎ去った時代の実践に単に戻ろうとすることではなく、そこに普遍性や未来が蓄えられている潜在的な力を発掘することである。この種の抑圧された潜在的な力が、未来という形式で我々に提示してくるのは、一九世紀の旧政治に戻ることが我々の出口では決してない、ということである。我々がこのために精力を傾けなければならないのは、二〇世紀の歴史的遺産の上に打ち立てられた「ポスト政党政治」の条件下での立憲政治なのである。

第二章

二〇世紀中国史という視野における朝鮮戦争(1)

倉重拓　訳

朝鮮戦争休戦六〇周年を迎えた今日、グローバリゼーションやポスト冷戦と呼ばれる時代において、朝鮮半島の分断体制と台湾海峡の分離状態は依然として続いている。こうした分離状態は歴史記憶の領域においても体現されており、韓国や北朝鮮、米国、日本、中国大陸及び台湾にはお互い異なる戦争記憶や歴史解釈が存在している。ソウルの戦争記念館とピョンヤンの祖国解放戦争勝利記念館を比較し、中国大陸における朝鮮戦争に関する叙述や、米国による故意に近い朝鮮戦争の忘却といった事情を考えると、この事件の異なる面影をはっきりと見てとることができる。朝鮮戦争は一九五〇年六月二五日に勃発し、北朝鮮では「祖国解放戦争」、韓国では「六二五事変」または「韓国戦争」、また米国においては「Korean War」と呼ばれている。中国が参戦した一九五〇年一〇月八日には、米軍はすでに上陸先の仁川を離れ鴨緑江に迫っていた。この戦争が中国において「抗美援朝戦争」〔「美」はアメリカを指す〕と称される所以である。命名における政治とはまた記憶における政治でもある。中国軍部隊が戦場において対峙したのは、韓国軍部隊を含む一六カ国軍隊によって編成された米国主導下の所謂「国連軍」である。米国の朝鮮戦争に対する記憶はベトナム戦争と比べ実にあいまいであり、それはむしろ意識的な忘却に近いと言える。では日本は一体どうなのだろうか？　ジェイムス・E・アワーの『よみがえる日本海軍』[2]によると、日本政府は秘密裏に船舶と人員を派遣し朝鮮戦争に参加しており、「一九五〇年一〇月二日から一二月一二日までの間に、四六隻の日本掃海艇、大型試航船（水圧機雷掃海用）及び一二〇〇名の旧海軍軍人は元山、群山、仁川、海城、鎮南浦の各掃海に従事して、三二七キロメートルの水道と六〇七平方マイル以上の泊地を掃海した」[3]。また米軍の後方支援以外にも、仁川上陸に上陸した計四七艘の戦車揚陸艦のうち三〇艘が日本人によって操縦されていたという[4]。よって日本を加えるとするならば、この米国主導下の連盟に参加した国は一六カ国ではなく一七カ国となる。日本政府は二〇一三年七月の韓国における朝鮮戦争休戦六〇周年記念式典への参加を表明したが、韓国側に拒否されている。

（1）本稿は張翔による筆者への取材に基づいているが、現在の構成は数回に及ぶ訂正及び増補を経たものである。張翔は取材記録の整理及び一部の文献照合に協力してくれた。本稿の校正にあたっては高瑾が若干の注釈に関する事実確認と補充を行ってくれたほか、日本参戦に関する手がかりを調べる際には孫歌の協力を得た。ここに合わせて感謝の意を表したい。

（2）米軍は日本側に対し、朝鮮海域でこの任務につく掃海艇は国際信号E旗のみを掲げるよう命じていた。鈴木英隆「朝鮮海域に出撃した日本特別掃海隊：その光と影」、『朝鮮戦争と日本』（日本防衛省防衛研究所編、二〇一三年）、一七頁を参照。鈴木は同時に資料を引用し、吉田が秘密裏に掃海活動を始めた望んだ理由を国内外の関係に求めている。朝鮮戦争の開戦前にダレスが日本を何度も訪問し吉田茂と会談を行っているが、当時日本はまさに講和条約締結前という国際的にも敏感な状況に置かれていた。また吉田は憲法九条違反に違反することを懸念し、秘密裏に掃海作戦を進めるよう大久保武雄海上保安庁長官に命令した。鈴木論文の注釈27に引用されている大久保武雄『海鳴りの日々——かくされた戦後史の断層』（海洋問題研究会、一九七八年）の二〇九頁を参照。
〈http://www.nids.go.jp/publication/mh_tokushu/pdf/mh004.pdf〉（2013/10/28アクセス）

（3）ジェイムス・E・アワー『よみがえる日本海軍——海上自衛隊の創設・現状・問題点』（上）、妹尾作太郎訳、時事通信社、一九七二年、一二三頁。James E. Auer, *The Postwar Rearmament of Japanese Maritime Forces, 1945–71* (New York: Praeger Publishers, 1973), p. 66.

（4）Curtis A. Utz, "Assault from the Sea: The Amphibious Landing at Inchon", in *The U.S. Navy in the Korean War*, ed. Edward J. Marolda (Annapolis, MD: Naval Institute Press, 2007), p. 76.

一九五三年七月二七日、北朝鮮及び中国と米国を代表とする国連の間で「朝鮮戦争休戦協定」が結ばれた。韓国の李承晩大統領は同年四月一二日に停戦に断固として反対し単独での北進決行を主張する声明を発表、四月二一日には北進統一の決議が可決されているが、休戦協定には署名していない。また停戦交渉への反対姿勢を明確に示し戦争継続を要求したもう一つの政権として、米国の保護により延命した蒋介石政権を挙げることができる。現在こうした細かい事柄が取り上げられることは少なく、人々はむしろ毛沢東による「三八度線」越境を批判する傾向にある。

過去二〇年間にわたり、朝鮮戦争関連の研究は中国史研究の中でも最も活気のある分野の一つとなっている。ソ連と米国、そして中国の公文書の一部が公表され、関係者の回想録が出版される状況のなか、現在の社会科学及び歴史研究における新たな規範に沿って朝鮮戦争研究が進んでおり、特に中国が朝鮮戦争に参戦した経緯が注目されている。朝鮮戦争を脱イデオロギー化の名目の下に冷戦史研究の枠組みに位置づけることが本研究領域における主なトレンドとなっている。各国観点が異なるこうした研究も、一種の方法論上における民族主義という点に大まかに集約できるのではないだろうか。その特徴とは、朝鮮戦争研究が資本主義と社会主義、または帝国主義と国際主義という対立の範疇から徐々に離れ、国家間の関係及び国家利益を軸に朝鮮戦争の歴史的意義を問うようになったことである。中国では朝鮮戦争を支持する立場の学者らが新中国にとって建国戦争であったことを強調する一方、批判的な学者らはこの戦いによって大量の死傷者が出たことのほか、中ソ同盟と中米対立という冷戦構造の形成が加速されると同時に確立され、結果として台湾回復の機会が失われたことを指摘している。冷戦構造とは各種の利益関係に基づいており、その中では民族と国家という尺度が重要な位置を占めている。しかしそれはこの時代の熱戦と冷戦の動因及び動機が民族と国家の利益という尺度に還元できることを意味するものではない。

本稿においては朝鮮戦争に関する中国大陸における最新研究を組み合わせ、二〇世紀中国の革命と戦争の脈絡の中に朝鮮戦争を位置づけた上で改めて丹念に検討する。所謂「二〇世紀中国の革命と戦争の脈絡」によって可能となるのは一種の「内部的視野」であり、これはこの重大事件における政治判断及び其の形成を理解するにあたって大きな手がかりとなる。政治判断を歴史理解の内部に位置づける試みというのは、客観的地位に安住する社会科学者のあり方と根本的に異なり、その時代において人々の行動を支配した原則や価値観、また其れに対立する政治などを徹底的に排除するといったことはしない。東北アジア内部における分断、分離また対立が継続する過程において、我々はこうした構造を突き破る政治エネルギーを必要としている。この意味において国家利益という範疇内のみにおいて戦争を考察するだけでは不十分であり、政治判断が形成される歴史的脈絡の中において其のプロセスを探索していく必要がある。

二〇世紀中国の革命と戦争において、銘記に値する経験と教訓とは一体何なのであろうか？

一　「中国、朝鮮、東方、そして世界に有利である」——朝鮮戦争の歴史条件

抗美援朝、保家衛国及び新中国の意義

機密解除された公文書及び当時の関係者の回想からは、中米両国が朝鮮戦争の勃発に衝撃を受け、相手による策略であることを互いに疑っていたことが分かるが、この戦争の勃発が偶発的事件であったことを意味するわけではない。一九四九年一〇月から一九五〇年九月にかけては中国に参戦の準備ありと初めは公言されていたが、新中国の成立からまだ一年も経過しておらず、国家の再建もようやく軌道に乗ったところで、中国共産党内部の主な意見は戦争に巻き込まれることを好ましくないと考えていた。一九四九年に起きた出来事として注目されるものとして、戦後再建の他には土匪残党の粛清、中国人民解放軍及び党内各機関における迅速な職能の転換、農村から都市部への政策重点のシフト、解放軍の正規化、文化教育の実施、すでにタイムテーブルに載せられていた民族区域問題などを挙げることができる。そして一九五〇年六月開催の中国人民政治協商会議第一期全国委員会第二回会議で繰り返し強調されたテーマは土地改革であった(5)。毛沢東は全党員に対して「四方に出撃してはならない」との訓戒を与えている(6)。朝鮮戦争の勃発時、中国人民解放軍の主力部隊はちょうど新疆とチベットに向かっており、また東南部においては沿海島嶼の帰属問題をめぐって国民党と争っていた。つまり新中国は朝鮮戦争への参戦準備を整えていなかったのである。

しかし朝鮮戦争の勃発が中国と全く無関係であったわけではない。日本植民地主義の統治下において、朝鮮半島の抵抗勢力は早くから中国人民の民族解放戦争と密接な関係を持っていた。毛沢東は一九四九

年五月、中国解放戦争に参加していた中国人民解放軍第四野戦軍所属の朝鮮三個師団を朝鮮側に引き渡すことに同意し、そのうち二個師団は同年七月に朝鮮半島に到着、残りの一個師団は一個師団と一個連隊に改編された上で一九五〇年三月から四月にかけ朝鮮側に引き渡された[7]。こうした例は中国革命と周辺関係の間における一つの歴史的な広がりを示すものだが、同時に中国革命側による南北朝鮮の対立構造への実質的な対応とも言える。毛沢東は一九五〇年一〇月初旬に朝鮮戦争への参戦を決断するが、この判断はこの戦争が誰によって引き起こされたかという問題からではなく、戦争の進行過程が世界全体の構造に与える影響についての判断に基づいている。毛沢東は当時ソ連にいた周恩来に電報を送り、参戦という積極的な政策を取るよう指示し、「中国、朝鮮、東方そして世界に極めて有利である」と伝えている[8]。

「抗美援朝、保家衛国」というスローガンは、中国の参戦が「中国、朝鮮に」極めて有利である理由を正確にまとめている。仁川上陸以降に米軍が軍事面における優勢にかこつけ迅速に北進することにより、中国の東北地方が脅かされ、北朝鮮側は軍事的崩壊の局面を迎えていた。中国が出兵し北朝鮮を支持することは明白なことであった。米中央情報局の推測によれば、中国出兵の最も直接的な原因とは、

(5) 毛沢東「在全国政協一届二次会議上的講話」における閉会の辞を参照。『毛沢東文集』第六巻、人民出版社、一九九九年、七九頁。
(6) 毛沢東「不要四面出撃」、『毛沢東文集』第六巻、七三頁。
(7) 金東吉「中国人民解放軍中的朝鮮師回朝鮮問題新探」、『歴史研究』二〇〇六年第六期、一〇三頁。
(8) 毛沢東「中国人民志願軍応当和必須入朝参戦」、『毛沢東文集』第六巻、一〇三頁。

国連軍による東北侵入、そして水豊水力発電所といった鴨緑江沿岸の電力施設の破壊に対する懸念にあるとされていた。[9] 一九五〇年一一月一〇日、国連にてフランスが中国軍に朝鮮から撤退するよう呼びかけると同時に、中朝国境が侵犯されないことを保証する決議案を提出した。この決議案はただちに米英等六カ国の支持を得たが、ソ連によって否決された。こうした事実が現代史の叙述に提供する材料とは次のようなものである。つまり中国は誤った情勢判断の下、本決議案がソ連によって否決されたため朝鮮戦争に介入することになったというものである。米国側に中国進攻という計画が存在しないにもかかわらず中国が朝鮮に出兵した場合、「保家衛国」の意義は一体どうなるのか？　ここではまず次の二つの解釈を見てみたい。第一に、米国の大統領または国務省の一、二本の電報文、または米国のコントロール下にある国連にて可決された一、二本の決議によって戦争のプロセスを決定づけることはできないということである。帝国主義による戦争とはいつも彼ら自身の「計画」から逸脱していくものである。歴史的に見れば、日本による「満州事変」や「盧溝橋事件」も天皇または内閣の直接命令によるものではなく前線の将校によって決定されており、これを理由に日本の戦争政策を弁護する者は今でも存在する。ブルース・カミングスの指摘によると、朝鮮戦争への関与や米国外交政策の決定は往々にして一つの「マトリックス」から生じており、個別の人物による指示に基づくものではないとされている。[10] 機密解除された公文書の中から一、二通の電報文または文書を選んで証拠とするだけでは、果たして米国が中国と一戦を交え、鴨緑江周辺まで圧力をかける意図があったのかどうかについて判断することはできない。マッカーサーが北進を指揮していたあの時に有効な迎撃態勢が取られていなかったとするならば、朝鮮と中朝国境における軍事情勢がどのような展開を迎えることになったのかを予測することは不可能である。実際のところフランスの決議案が提出される前には、一一月八日に米軍による鴨緑江一帯の公道と橋梁に対する爆撃が始まっており、爆撃の際に米軍は「中国領空に侵入し、時には中国領内の町に対して爆撃及び機銃掃射を行った」という。[11]またその前にも、米軍機は同年八月二七日以降何度も中朝国境を越え機銃掃射や爆撃を行い中国領内の町や村、港にて財産への損害や死傷者が出たほか、公海上では中国商船が米国海軍による武力的な妨害行為を受けていた。中国政府が米国に抗議し国連安保理に控訴した後も、[12]米軍機による侵入と襲撃行為は依然として続いたという。[13]第二に、中国の最低ラインとは中国に直接進攻しないよう米国に要求することではなく、米軍による「三八度線」の越境を認めないことにあった。一九五〇年一〇月三日に周恩来はパニッカル・インド駐中国大使と面会し、米軍が「三八度線」を越えるようならば中国は朝鮮に出兵するであろうと米英両国に伝えるよう依頼したが、

（9）「ウォルター・スミス米中央情報局長官による大統領宛の備忘録」（一九五〇年一一月一日）FRUS, 1950. Korea, Vol. VII, pp. 1025–1026, 〈http://digital.library.wisc.edu/1711.dl/FRUS.FRUS1950v07〉（2013/11/17 アクセス）

（10）Bruce Cumings, "China's Intervention in the Korean War and the Matrix of Decision in American Foreign Policy", a paper for the conference 'China and the Cold War' in Bologna, Italy, September 16–18, 2007.

（11）軍事科学院軍事歴史研究所著『抗美援朝戦争史・修訂版』（上巻）、軍事科学出版社、二〇一一年、三〇二頁。

（12）一九五〇年八月二七日付の「周恩来外長致美国国務卿艾奇遜電――厳重抗議美国侵略朝鮮軍隊的軍用飛機侵入我国領空并掃射我国人民」及び「周恩来外長致聯合国安理会主席馬立克及秘書長頼伊電――要求制裁美国侵略朝鮮軍隊的軍用飛機侵入我国領空的厳重罪行」を参照。『中美関係資料彙編』第二輯（上冊）、世界知識出版社、一九六〇年、一四六～一四九頁。

（13）伍修権による一九五〇年一一月二八日の国連安保理における講話を参照。『中美関係資料彙編』第二輯（上冊）、世界知識出版社、一九六〇年、三〇九頁。

明らかに米国はこれが中国の最低ラインであることを認識できていなかった。一〇月七日に安保理ではソ連の否決が想定されることから国連総会が米国の影響力の下で直接召集され、米国主導による朝鮮北部占領に基づく朝鮮統一の決議案が可決されている。その翌日に米軍は「三八度線」を越えている。毛沢東は「出兵しなければ、まず東北に不利である。全ての東北辺境防衛軍が釘付けとなり、満州南部の電力も支配されることになる」と強調するが、こうした判断の裏には、新中国に対する如何なる軍事的威嚇も認めないという決意が潜んでいる。

軍事面及び政治面における中国の最低ラインとは米軍の「三八度線」越境を認めないことにあったが、国内の水豊水力発電所及び沿岸施設の防衛のみを目的とするほど事情は簡単ではなかった。この最低ラインは見たところ米国の対朝鮮戦略とも重なっているようだが、両者においてその意味は異なってくる。事実上、毛沢東は「三八度線」を越境不可の境界線として位置づけたことはなく、参戦前の二回の戦役が終了した後にようやく「三八度線を越えなければいけない」と語っている。[14] 一九五〇年一二月一三日には米英両国が中国軍に「三八度線」で停止するよう要求している。またその前には義勇軍による平壌入城の翌日にあたる一二月七日に前述のパニッカル・インド大使が章漢夫外交部副部長に一通の備忘録を渡し、一三カ国に及ぶアジア・アフリカ諸国連合が「三八度線」での停戦を提唱していることを伝えている。しかし周恩来はこれに反問し、「なぜ米軍が『三八度戦』を突破した時に、あなた方は何も言わなかったのか？　なぜ一三カ国は外国軍部隊の朝鮮からの撤退を求め、米国の朝鮮と中国に対する侵略を非難する公開声明を出さないのか？」と語ったという。実際のところ、国連にて朝鮮戦争の当事者双方に軍事行動を停止するよう求める決議案が可決された日の翌日、一二月一五日にトルーマンは米国が戦争状態に突入したことを宣言している。米中両国は一九五〇年末までにすでに宣戦なき戦争状態にあり、それぞれ全国レベルの戦争動員を始めていた。よって、毛沢東が「三八度線」越境を決めた動機として次の二つを挙げることができる。一つ目は米英両国の決心を揺さぶることである。実際のところ四回目の戦役以降、米軍は再び「三八度線」を突破し、側面後方から上陸することを画策する。軍事面から言えば、「三八度線」を越えられない場合、国連軍を打ち負かすこと、特に米軍の戦闘意思を挫くことは困難であるため、結果として進撃する敵に休息の機会を与えることになり、また攻撃が繰り返されることにより自己の休息時間も取れなくなってしまう。二つ目は、国連軍が敗退するという状況において、米国が国連を利用し双方に「三八度線」における停戦を求める決議案を出させたことである。毛沢東の立場から見れば、当時の国連は米国のコントロール下にある上に交戦国の一方側に立つ「国際機関」に過ぎず、中国には国連の決議案や規定を受け入れる義務がなかった。この意味において、「三八度線」の突破とは米国のヘゲモニーが引いた境界線の承認を拒否するだけでなく、軍事的方法によって相手の政治的攻勢に対し反撃することをも意味していた。一九五一年四月には、軍事的失敗を背景に中国本土爆撃や武装国民党軍の介入を提案したマッカーサーが、中国との全面戦争に発展することを懸念したトルーマンによって更迭される。こうした決定は米軍が朝鮮の戦場にて中国に苦しめられたことと密接に関係している。

（14）毛沢東「中国人民志願軍必須越過三八線作戦」、『毛沢東文集』第六巻、一一四頁。

中国は長年にわたる苦難を経つつも最終的に革命の勝利を収めることで、奴隷の如きアジア国家の命運から脱却した。それは通常の意味での強国ではなく、むしろ帝国主義時代の国家と大きく異なる国家の承認、歴史上における従来の国家や王朝と異なる情勢の承認、また一人の人民が主人公となる民主的な社会主義国家の承認を指している。一九五〇年九月五日、毛沢東は「朝鮮戦局と我々の方針」という一文にて中国革命と朝鮮戦争を明確に関連づけ、「中国革命は世界的な性質を帯びている。中国革命によって東方の世界人民は初めて教え導かれ、朝鮮戦争によって世界人民は再び教え導かれる」と語った[15]。参戦一周年を迎えた一九五一年一〇月、毛沢東は全国政協第三回会議の開幕の辞にてことのほか朝鮮戦争を取り上げ次の三点について語った。第一に、この戦争は「保家衛国」のためであり、もし米軍が我々の台湾を占領せず、朝鮮民主主義人民共和国を侵略せず、我が国の東北辺境を攻撃しないのであれば、中国人民は米軍と交戦することはないこと。第二に、米国の侵略者が我々に向かって進撃する以上、我々も反侵略という大旗を掲げざるを得ず、これは正義の戦争をもって非正義の戦争に反対するものであること。第三に、朝鮮問題は平和裏に解決されなければならず、米国政府が公平かつ合理的な基盤の上において問題を解決しようとさえすれば、朝鮮の停戦談判は成功できること[16]。毛沢東は一点目において、台湾問題と米国の朝鮮侵略の問題、そして米軍による中国辺境への威嚇といった問題が存在しなければ、中国が直接参戦することはないとわざわざ言及している。歴史学者が指摘するように、もし釜山戦役が全面的に展開する前に中国が朝鮮へ出兵していたとしたら、米国は仁川上陸の機会を失っていた可能性がある[17]。こうした観点は、一九五〇年一〇月にマッカーサーがウェーク島にてトルーマンと中ソ両国出兵の可能性について議論した際の観点と完全に一致している。つまり中国は最良の出兵機会を逃した故に、出兵することはないだろうという論理である。こうした純粋な軍事観点に基づいて戦争過程を判断する方法と毛沢東の戦争理解の間には大きな隔たりがある。

新中国の揺ぎ無い姿勢そのものに冷戦構造を乗り越える契機が含まれている。第一に、第一次世界大戦後、十月革命の砲声の中からソ連が誕生したが、世界の覇権を握ろうとしたドイツ、イタリア、日本の帝国主義国家を阻止することができなかったという事実である。毛沢東は当時の情勢が全く異なることを認識し次のように語っている。「社会主義ソ連、中華人民共和国、そして人民民主主義諸国家の成立、中ソ両国という偉大な国家が友好と互助の同盟条約の基礎の上に立ち団結を強固にすること、そして全ての平和民主陣営の揺ぎない団結、また世界各国の多くの平和を愛する人民がこの偉大な陣営に対して深く且つ厚い共感を持つことによって、外国の帝国主義によって世界の覇権が握られる時代は永遠に終結するのだ[18]」。第二に、二〇世紀中期に世界史上前例のない構造を持つ新しい世界体制が出現し、アジアにおいては中国革命の勝利によって促進また鼓舞された反植民地主義プロセスが徐々に展開され

(15)『毛沢東文集』第六巻、九三頁。
(16)『毛沢東文集』第六巻、一八二〜一八六頁。
(17)「仁川上陸前に中国部隊が後方防衛を行っていたら人民軍の主力は前線での勝利を確実なものにできたはずであり、仁川上陸後に中国部隊が三八度線に防衛線を引いていれば敵軍の北進を阻止できたはずである。しかし一〇月初旬に人民軍主力は壊滅状態にあり、さらに三八度線が突破された段階においては中国部隊が参戦する好機はすでに失われていた。」沈志華「難以作出的抉擇」、沈志華編『一個大国的崛起与崩壊』(下)、社会科学文献出版社、二〇〇九年、八四五頁を参照。
(18)毛沢東「在全国政協一届三次会議上的講話」、『毛沢東文集』第六巻、一八五頁。

たことである。このプロセスの目標とは帝国主義への抵抗を通して平和を実現することであり、それゆえに「戦争が平和に転化し、平和が戦争に転化する」[19]と毛沢東が語ったように、平和実現の方法に戦争手段が含まれている。これは中国革命戦争から派生した戦略であり、毛沢東は抗日戦争が全面化する前にすでに戦争を消滅させる唯一の手段について「つまり戦争には戦争を以って反対し、反革命戦争には革命戦争を以って反対し、反民族革命戦争には民族革命戦争を以って反対し、反階級革命戦争には階級革命戦争を以って反対する」[20]と明確に指摘している。つまり朝鮮戦争とは侵略戦争に反侵略戦争を以って反対したものであり、これは正義と非正義の戦争という政治分野のことなのである。毛沢東から見れば、新中国の存在は「国内と国際の偉大な団結によるエネルギー」の凝集を前提としており、朝鮮戦争がそれ以前の中国革命における全ての戦争と根本的に異なることを示すものである。この戦争における勝利がなければ、毛沢東が一九四九年一〇日一日に天安門楼上にて行った宣言は証明され得ないのである。

朝鮮戦争と中ソ関係の問題

過去一〇年において、中国大陸における朝鮮戦争研究にある変化が生じている。こうした変化として、国際主義の視野を徹底的に放棄し、比較的単純な民族主義の視野に基づいて朝鮮戦争を解釈する傾向のほかに、研究の重点が米中両国の争いから中ソ関係にシフトする傾向を挙げることができる。その中でも比較的影響の強い見解には次のようなものがある。一つ目は、スターリンと金日成が毛沢東の背後で朝鮮戦争を画策し、協力して中国の参戦を誘導したというものである。[21]二つ目は、ソ連が大胆にも北朝鮮による統一戦争の発動を認めたのは、中国東北地方の支配について自信をなくしたことに起因するという見方に基づき、中国の朝鮮出兵の目的の一つはソ連が米国勢力の圧迫を理由に東北地方の駐留軍を強化することによって生じるソ連の支配を避けようとしたというもの[22]と、ソ連が北朝鮮の開戦を支持した理由は毛沢東をアジアのチトーにしないためだというものである。[23]二つ目は、朝鮮戦争において最も大きな損失を被ったのは、中国東北地方の利益を失っただけでなく、五六項目に及ぶ大規模工事の建

(19) 毛沢東「在成都会議上的講話」（一九五八年三月）、『毛沢東文集』第七巻、三七四頁。

(20) 毛沢東「中国革命的戦略問題」（一九三六年一二月）、『毛沢東選集』第一巻、北京、人民出版社、一九六八年、一五八頁。

(21) 例えば、沈志華によると「朝鮮半島における軍事行動の具体的内容と計画について、スターリンは一切中国側に伝えようとしなかった」。沈志華著『毛沢東、斯大林与朝鮮戦争』第三章「越過三八線」、広東人民出版社、二〇〇三年。紀坡民は「夾撃中的奮闘：毛沢東出兵援朝的艱難決策」、『香港伝真』（NO. FK2011-41, 二〇一一年六月九日）にて「三国共謀論はやめたほうがよい」、「朝鮮戦争はスターリンと金日成の二人が中国の背後で開戦直前まで秘密裏に画策したもので、毛沢東は米がもうすぐ炊き上がるという時になってようやく伝えられたに過ぎない」、「最も計算高いのはスターリンである。戦闘は朝鮮人にやらせ、勝った場合にソ連が得る利益は巨大なものであり、負けたとしても損害は限られている。つまり最大の『利害関係者』は実際のところ中国であった」と語っている。

(22) 例えば、沈志華の推測によると、一九五〇年初めの中ソ同盟形成期においてソ連が中国における権益の大部分において譲歩を迫られたことを受け、スターリンは朝鮮半島において旅順港に代わる不凍港を獲得するため、つまり中国における損失を埋め合わせるために対朝鮮半島政策を変更し、北朝鮮の進攻計画に同意した可能性がある。同氏の『毛沢東、斯大林与朝鮮戦争』第三章「越過三八線」及び『冷戦在亜細洲：朝鮮戦争与中国出兵朝鮮』「保障蘇聯在極東的戦略利益」（九州出版社、二〇一三年）を参照。沈志華によれば、「毛沢東には次のように推測する理由が十分にあった。米国が北朝鮮の占領を維持した後に一歩進んで鴨緑江を越えるとすれば、戦火が一旦中国東北境内で燃え上がると、ソ連が中ソ同盟条約に依拠して東北へと出兵する可能性を排除できない。その結果とは米国による東北占領ではなく、ソ連による東北支配である。つまり未来の東北戦場においていずれに軍配が上がろうと、中国は東北における主権を失うことになる。」同氏著『冷戦在亜洲：朝鮮戦争与中国出兵朝鮮』「中国出兵朝鮮的決策過程」、一三三頁を参照。

設援助を行い新中国の工業化の基盤を作ったソ連だとするものである。[24] 四つ目は、朝鮮戦争が中ソ同盟の進展を加速し、米国との関係を改善する契機が失われたというものである。[25] よって次の問題が問われなければいけない。中ソ関係とは一体中国の朝鮮出兵にどれほどの影響を与えたのであろうか？

朝鮮出兵問題を論じる際には、まず毛沢東が中国と朝鮮に有利である他に、東方と世界に有利であると強調していたことに注目する必要がある。この二つは新しく、また一般的な民族主義や国家利益の枠組みでは説明できない範疇である。「東方」とは東西陣営のうちの東側のことで、特にソ連を中心とした社会主義陣営のことを指し、中ソ同盟は正に「東方」グループの核心を成すものであった。また「世界」とは、帝国主義支配下からの解放を試みる全世界の被抑圧民族のことを指していた。建国期から朝鮮戦争、そしてその後しばらくの時期に至るまで、中国外交政策はソ連及び東欧諸国との同盟締結に重点を置いていた。これは突発的な方針転換ではなく、中国革命の進行過程において確立された同盟関係の延長線上にあたる。毛沢東は一九五〇年六月に中国人民政治協商会議第一期全国委員会第二回会議の閉会の辞においても、この問題について触れている。毛沢東によれば、中国は遠大な目標を持たなければならず、全国人民の考え方が成熟し、皆の同意を経て各種の条件が整った時に始めて、落ち着き且つ適切に社会主義の時代に入ることができるとされている。またこの遠大な目標のためには、国外においてソ連及び各人民民主国家及び全世界に存在する全ての平和民主勢力と結託し、これに対する一切のためらいや動揺は許されず、国内においては各民族と各民主階級、各民主党派、各人民団体及び全ての愛国民主人士が団結し、革命統一戦線を更に強化しなければならないとも述べている。言い換えれば、朝鮮戦争は軍事面での協力を促進したものの、中ソ両国の同盟関係成立の要因ではないということである。

また中ソ両国及び他の社会主義諸国の同盟関係とは、非常に重要且つ新しい情勢の結果と言うことができる。大革命時代に国民党はソ連と同盟関係にあり、また大革命失敗以降における中国共産党と国際共産主義運動及びソ連との関係が広く知られているように、中ソ関係を語る上で朝鮮戦争から始める必要はないのである。しかし一九四五年以降の国共内戦時期において米国が一方的に国民党を支持する態度を取ったことによって、建国準備段階の新中国が急速にソ連側に接近することになったのは否定できない。

毛沢東は米国及びその影響下にある勢力が朝鮮半島に軍事介入することに反対すると同時に、社会主

(23)「スターリンはこの一筋縄ではいかない毛沢東を今後どう扱うかについて思考をめぐらせていた……そこでスターリンは一計を用い一つの局面、世界的規模の大布局を作り上げることで、自身が設計かつ鋳造した鉄かごに中国というすでに目覚めた『東方の眠れる獅子』を徹底的に閉じ込めようとした」。紀坡民「夾撃中的奮闘」、『香港伝真』(NO. HK2011-41, 二〇一一年六月九日)二八頁を参照。

(24)例えば、張文木はキッシンジャーの「コリアン・ウォーにおける最大の敗北者はソ連である」の言を引用し、米国とソ連はともに朝鮮戦争において最大の「敗北者」であり、中国こそが本戦における最大の勝利者であったことを指摘している。彼が強調するところによると、ソ連は中国東北地方に対する事実上の支配権を正式に放棄したことにより、中国東北一帯におけるソ連帝国の地盤は二度目となるゆさぶりを受けた。張文木著『全球視野中的中国国家安全戦略』(中巻・下)、山東人民出版社、二〇一〇年、七二〇～七二六頁。また紀坡氏はソ連の中国援助を中国の抗米援朝戦争における「戦利品」と看做している。「夾撃中的奮闘」、『香港伝真』(NO. HK2011-41, 二〇一一年六月九日)六九～七六頁を参照。

(25)「……毛沢東は戦争によって刺激されたあの革命衝動によってソ連よりも深く米国との敵対関係の渦中に巻き込まれた」、「中国が適切な時期に戦略方針(筆者注:二八度線での停止)を変更できなかったために背負わされた代償とは、国際政治における孤立的地位であった」。沈志華著『毛沢東、斯大林与朝鮮戦争』三六一、三五九頁を参照。

義陣営の承諾を取り付けていた。[26] 彼のレトリックには二重の意味がある。一つは中国及び朝鮮に有利であるということであり、これは中国人民の全て、特に民族資産階級に対して朝鮮戦争を支持するよう説得する際に最も有効であった。またもう一つは東方及び世界に有利であるということであり、これは世界情勢全体への基本的な判断に関わってくるものである。こうした世界情勢の新しい特徴とは東西二大ブロックの出現であり、また中国が東側ブロックの一員であることである。朝鮮戦争開戦の五カ月前にあたる一九五〇年一月、ソ連は中国の国連復帰に関する決議案が否決されたため安保理への欠席を表明、よって朝鮮戦争について議論するために開催された六月二五日の安保理会議には出席していない。一部の学者はソ連のこうした振る舞いを一種の「八百長」的行為と見なしている。つまりソ連が欠席し否決権を行使しないことによって、米国主導の国連軍を形成し朝鮮内戦に介入する決議案が国連にて可決されることができたということである。[27] 当時の安保理ソ連代表グロムイコの回想録において、安保理に出席し否決権を行使する案はスターリンに却下されていた事が判明したことにより、こうした憶測の信憑性はさらに高まった。果たしてこれは計画的行動だったのであろうか？　一九五〇年初期にてスターリンと金日成が秘密会談の内容を訪ソ中の毛沢東に伝えなかったことを考えると、こうした推測は的外れなものとは言えない。しかしソ連が北朝鮮の統一戦争を支持したとしても、故意にあれほど多くの国連軍を合法的に朝鮮戦争に介入させる理由とは何であったのか？　これに関する有力な証拠としてロシアの学者によって発見された次の公文書を挙げることができる。スターリンはゴットワルト・チェコスロバキア大統領宛の電報において、ソ連が安保理を欠席した目的として次の四点を挙げている。「第一に、ソ連と新中国の一致団結を表明すること。第二に、米国の政策が如何に荒唐無稽であるかを強調すること。なぜなら米国は国民党政府という道化を安保理の中国代表として認めており、中国の本当の代表が安保理に入るのを認めないからである。第三に、二つの大国の代表が欠席する状況で下された安保理の決定を非合法にすること。(28) 第四に、米国を野放しにし安保理の多数票を利用させた上で愚行を行わせ、

(26) 張文木は沈志華編『朝鮮戦争：俄国档案館的解密文件』(台北、中央研究院近代史研究所、二〇〇三年）等の資料に基づき次のように指摘している。毛沢東は早くとも一九四九年五月には金日成の特使金一と朝鮮における軍事行動の問題について議論しているが、北朝鮮の南朝鮮に対する軍事行動の結果として考えられるいくつかのシナリオについて分析を行い、日本が巻き込まれる状況も想定している。また毛沢東は「あなた方が心配するには及ばない……必要な時には我々が中国の兵士をこっそりと派遣しよう。どれも黒髪だ、誰も分かりっこない。」と明確に語っている。(「毛沢東が報告した金一との会談の状況に関するコワリョフからスターリン宛の電報」(一九四九年五月一八日)、沈志華編『朝鮮戦争：俄国档案館的解密文件』(上)（台北、中央研究院近代史研究所、二〇〇三年）一八七～一八八頁及び一八九～一九〇頁を参照）これは同年三月のスターリンと金日成によるモスクワ会談に基づいているものと考えられる。張文木はまた一九五〇年五月の段階での毛沢東とスターリン、金日成の間における朝鮮戦争のやりとりに関する手がかりを整理している。それによると、金日成は五月一三日の北京訪問の際にスターリンが「北朝鮮は行動を開始してもよい」と指示したことを毛沢東に伝え、毛沢東はこれに対しフィリッポフ同志本人から本件について説明してもらう必要があると答えている。五月一四日にはスターリンが毛沢東に対し電報で「朝鮮人の統一実現に関する提案に同意した」、「この問題は最終的に中国と朝鮮の同志が共同で解決すべきものである」と明確に表明。ソ連が明確に支持する姿勢を示したことを受け、毛沢東もまた朝鮮での行動支援にあたることを表明したという。張文木著『全球視野中的中国国家安全戦略』(中巻・下)、六三四～六三六、六五二～六五四頁。

(27) 沈志華著『冷戦在亜洲：朝鮮戦争与中国出兵朝鮮』及び紀坡民「夾擊中的奮闘」における一節「斯大林策画朝鮮戦争的決策動因初探」を参照。

(28) 伍修権は一九五〇年一一月二八日、国連安保理において米国の台湾侵略を控訴する演説を発表した際、次の点を強調している。安保理常任理事国の中に当時四億の人口を持つ中国が合法的な代表として不在ならば、「いかなる重大な問題においても合法的な決定を下すことは不可能であり、いかなる重大な問題の解決、特にアジアに関係した重大問題の解決は安保理において不可能となる。」、「中国人民には安保理における如何なる決議案も決定も認める理由はない。」『中美関係資料彙編』第二輯（上冊)、世界知識出版社、一九六〇年、二九一頁を参照。

公衆世論の眼前に米国の真の姿を曝け出させること」[29]。この四点目とは実際のところ朝鮮戦争を指しており、スターリンは続けて次のように語っている。「我々が安保理を欠席した後、米国は進んで朝鮮への軍事干渉へと陥り、自己の軍事上における威信と道義上における気品を傷付けた。朝鮮にて米軍が加害者と侵略者の役を演じていることをまだ疑っている正直者などもうほとんどいないだろう。米国は軍事面においても吹聴するほど強大ではない。また明白なのは、米国の注意が欧州から極東に引き付けられたことである。国際勢力のバランスという観点から見て、これら全ては我々に有利と言えるのだろうか？　もちろんだとも」[30]。その後の状況の発展はスターリンの計算を多かれ少なかれ裏付けている。安保理で決議案が可決されてから、トルーマンは極東に位置する米国の軍事力を総動員して李承晩政権を支援したほか、第七艦隊には台湾海峡を封鎖するよう命令し、想定された中国の台湾進攻を阻止しようと試みている。スターリンから見れば米国の注意は確かにヨーロッパから極東に移ったわけだが、米国から見れば米国による極東事項への介入、そして同地域におけるソ連との勢力争いの全てが一九五〇年に開始されたわけでない。これらの事情を考慮すると、ソ連の安保理欠席は恐らく朝鮮への軍事介入の決定的要因ではなかったと言える。

東側ブロックにおけるソ連の特殊な地位のため、ソ連の行為における国家的覇権と冷戦政治構造下の政治的指導権を如何に区別するかという問題は深く掘り下げた分析が必要となる。スターリン時代からブレジネフ時代において、ソ連は国際主義に対して極めて大きい責任を担うと同時に、またその内部では異なる程度、形式、性質における覇権主義が存在していた。中ソ関係においては、両党の相互協力から内部分裂、更には公開討論に至るまで、また両国の政治協力から政治衝突、更には軍事対立に至るまで、ソ連による一九五〇年代の表現と一九六〇年代以降のそれには大きな違いがある。これは複雑であり、具体的な脈絡において研究する必要のあるプロセスである。第二次世界大戦後のソ連は中国東北地方において巨大な影響力を持っており、米国を主に当時の西方諸国ではソ連が同地方を完全に併呑するであろうといった言説が度々出現していた。一九四九年後期から一九五〇年の朝鮮戦争開戦前まで、米国務省は繰り返しこの問題について叙述している。しかし米国と西洋世界のこうした言説は、例えば英国の新聞によって毛沢東が訪ソ期間中に軟禁されたという噂がばら撒かれたように、どうすれば「事実」として叙述することができるのだろうか？　こうした言説は現代の学者による発見というより、アチソン米国務長官による発明といったほうが正しい。ようするに戦争による覇権政策と中ソ両国に対する分離工作という策略のため米国政府によって意図的に作り上げられた言説であるということである。新中国の成立以降、中ソ両国間ではソ連の東北権益（中長距離鉄道、旅順港等の問題を含む）をめぐり一連の交渉が行われた。朝鮮戦争は確かに中国政府による東北地方の全面的な接収及び管理のプロセスを加速したが、ただそれは決して朝鮮戦争が起こらなければ中国東北地方はソ連に併呑されていたことを意

（29）スターリンがゴットワルトに宛てた電報文。沈志華『冷戦在亜洲：朝鮮戦争与中国出兵朝鮮』の五三～五四頁にて引用されている。本文の校正過程において、高瑾がロシア国立社会政治史文書館に手紙を出し、この電報文の出所と翻訳の精度について問い合わせている。二〇一三年一〇月三〇日にロシアから届いたスキャン文書と比べると、沈志華の訳文との主な違いは次のようになる。電報の第三点において沈志華が「認定」と訳しているところを、本稿では「二つの大国の代表が欠席する状況で下された安保理の決定を非合法にすること」と訳した。また他の語句にも修正が加えられている。

（30）沈志華『冷戦在亜洲：朝鮮戦争与中国出兵朝鮮』、五三～五四頁から引用。訳文の一部に修正あり。

味するものではない。ここで挙げる二つの例はどれも一般的なもので、毛沢東の明確な表現でよく知られているものだが問題を説明するには十分である。

一九五〇年一月二〇日、当時中央人民政府新聞総署署長を務めていた胡喬木がこうした言説に反駁するために発表した談話は代表的なものである。新華社は同日に毛沢東起草の評論「アチソンの無恥流言に反駁す」を発表し、アチソン米国務長官が同年一月一二日に米国プレスクラブで行った演説に対して反撃を加えた。毛沢東はアチソンの演説における次の二点について反駁している。一点目は、米国とアジア諸国の関係に関する問題である。アチソンは演説にて「我々の利益はアジア諸国の人民の利益と一致しており」、米国の利益と中国人民の利益は「並存可能であり矛盾しない」とし、また「門戸開放政策の宣言に始まり、九カ国条約の調印を経て、国連総会における最近の決議案に至るまで全て同じ原則に基づいており、この点で我々はずっと一貫している」と述べている。[31] 二点目は、「ソ連が中国北部地域で行った併合、外モンゴルでも行われたこうした方法がまさに満州でも試されようとしている。私はソ連の代理人によって内モンゴルと新疆からモスクワに向けて優れた報告が送られていると信じる。現在の情勢とは、中国住民の広大な地域が全体的に中国から離れ、ソ連に併合されようとしていることである。ソ連による中国北部四区域の占拠は、アジアと関係を持つ強国にとっては重要な事実であり、我々にとっても非常に重要である」の部分である。[32] 毛沢東はこれに対し、「米国の基本的な国策とは、あらゆる方法を利用して中国に進出し、中国を米国の植民地にしようとするものである」と反駁している。毛沢東はその根拠として、一九四五年から一九四九年の中国内戦期における米国の国民党政権支持のほか、米国による台湾海峡への介入を挙げている。ワシントン発のタス通信の報道によると、アチソン演説の二日後にあたる一九五〇年一月一四日、一九四九年一〇月二四日に中国で逮捕された後に一一月一日に審判を受け、一二月中旬に国外追放処分されていたワード駐瀋陽米国総領事が帰国後に米国務省の役人と談話を行った。この談話後にワードは記者会見で、ソ連は中国東北地方において鉄道を共同管理する条約の権限を行使しているが、「ソ連が満州を監督する如何なる兆しもまだ見えず」、また「ソ連が満州を併合する如何なる兆しもまだ見えない」と語り、また満州における共産党政権が北京の監督を受けているのかという質問には、「全ての共産党政権は高度な集中管理を行っている。彼の理解では満州は共産党中国の一部分である。」と答えている。毛沢東は「西半球の土地でどのような物語が展開されているか見るといい。一人は満州がソ連に併合されると言い、もう一人はまだそうした兆しはないと言う。この二人はほかでもなくともに米国務省の有名な役人である」[33]と皮肉っている。

ソ連は東北地方において比較的長期にわたって一定の影響力を保持することを望んでいたが、それを理由に中国が東北地方を失うと推測するのは根拠に乏しい。中ソ関係は第二次世界大戦後の最も重要な大国関係の一つであるが、この大国関係は従来の大国関係とは異なる。これは新中国とソ連の関係であり、出現したばかりの社会主義陣営内部における関係である。こうした関係はすでに国と国とのそれというよりも、それ以前とも以後とも異なる国際関係の意義と性質を具えたこの時代の政治関係であると言える。社会主義国家間の関係に内包された国際主義的な側面に関して言えば、中ソ関係とは単なる中

(31) 毛沢東「駁斥艾奇遜的無恥造謡」、『毛沢東文集』六巻、四四頁。
(32) 毛沢東「駁斥艾奇遜的無恥造謡」、『毛沢東文集』六巻、四五頁。
(33) 毛沢東「駁斥艾奇遜的無恥造謡」、『毛沢東文集』六巻、四六頁。

ソ関係ではなく、東側ブロック内部における関係でもある。一般的に言えば、中ソ分裂はソ連共産党第二〇回党大会に始まり、一九六〇年には論戦の公開を伴って世界に認識されるようになった。しかし機密解除された米中央情報局の公文書によれば、中ソ論戦の文脈においても、米国の情報機関は依然として中ソ同盟はまだ本当に決裂したわけではないと認識していた。とどのつまり米国の判断とは朝鮮戦争等の経験を通して得られたものであり、米国は社会主義陣営内部の国家関係が一般的な意味での主権国家関係と異なることに気づいていたのである。こうした関係の核心には党と党の関係があり、こうしてイデオロギーや価値観は国家間の関係に極めて重要な作用をもたらすことができたのである。

ソ連の支持は中国参戦条件の一つであったが、中国参戦の是非を決定する最終要因であったわけではない。毛沢東は周恩来宛の一九五〇年一〇月一三日付電報にて、第三点と第四点については自信がないことに言及している。この第三点とはスターリンと周恩来が中国共産党宛に連名で出した同年五月一一日付の電報を指し、そこでは中国側が必要とする飛行機、大砲、戦車等の軍備をソ連側が完全に満たすことが可能であることが承諾されていた。毛沢東はこれがソ連製武器の租借と購買一体のどちらを意味するのかを問い、後者より前者が望ましいと考えた。なぜなら当時は新中国が建国されてまだ間もなく、経済文化等の建設事業及び一般軍政費用に資金を充てる必要があったからである。すでに十分厳しい財政状況において武器を購入した場合、中国経済の回復が遅れるのは避けられず、国内の民族資産階級及び小資産階級が総反対することによって「国内大多数の人々による団結の維持」ができなくなることも考えられた。[34]「国内大多数の人々による団結の維持」については、毛沢東が天津市商工聯に宛てた一九五〇年一二月二日付の電報を例に挙げることができる。[35]天津市商工聯は一一月末に保家衛国のデモ集会を開催しており、同月三〇日には毛沢東にも電報を送り、抗美援朝と保家衛国を支持する愛国的立場を堅持すると述べている。注目に値するのは、朝鮮戦争勃発後には全国規模で動員がすでに展開されていたが、毛沢東はなぜ農民や労働者、学生にではなく、商工聯に電報を打ったのかということである。これは毛沢東が国内の団結を懸念していたことと関係している。つまり戦争が長引けばその負担はさらに重くなり、国内の民族資産階級が不満を示すことによって政治と社会の安定に悪影響が出る可能性があったからである。また電報における第四点とは、ソ連に対して二カ月または二カ月半以内に義勇空軍を出動させ、朝鮮半島における中国兵の戦闘を支援すると同時に、中国の北方地区を援護するよう要求していたことを指す[36]。周恩来は一〇月一一日に毛沢東と中央宛に電報を出してから数時間後にモロトフから電話を受け取り、ソ連側は準備が整っていないため義勇空軍を出動させることはできないと伝えられた。毛沢東は周恩来にもうしばらくソ連に留まり、ソ連側からより明確な言説を得るよう指示した[37]。しかし別の側面においては、ソ連空軍の支援がなくとも中国参戦の決断はすでに確定していたのである。毛沢東はこの電報を発した日の翌日、一〇月一四日には義勇兵を朝鮮に派兵するための部署を立ち上げている[38]。また毛沢東は同月二三日には彭徳懐と高崗に手紙を出し、「妥当かつ確実な」基礎の上におい

(34) 毛沢東「中国人民志願軍応当和必須入朝参戦」、『毛沢東文集』第六巻、一〇三〜一〇四頁。
(35) 毛沢東「堅決站在抗美援朝保家衛国的愛国立場上」、『毛沢東文集』第六巻、一一〇頁。
(36) 毛沢東「中国人民志願軍応当和必須入朝参戦」、『毛沢東文集』第六巻、一〇四頁。
(37) 毛沢東「中国人民志願軍応当和必須入朝参戦」、『毛沢東文集』第六巻、一〇四頁。
(38) 毛沢東「中国人民志願軍入朝作戦的方針和部署」、『毛沢東文集』第六巻、一〇五〜一〇六頁。

て可能な勝利を全て実現するよう指示している。(39)

冷戦体制の確立と脱冷戦の契機

毛沢東は朝鮮戦争が勃発しまだ間もないころ「世界の事柄は各国人民の手に委ね、アジアの事柄はアジア人民の手に委ねるべきだ」と提言しているが、この考えは数年後のバンドン会議の原則において体現されている。これもまた、毛沢東が中国の抗美援朝を必要かつ正義の戦争と見なす政治的前提を指している。カイロ会議に始まり、米国はすでにアジア地域の異なる勢力をどのように聯合させるか計画しており、戦後日本と国民党統治下の中国を用いてソ連を抑制することも検討されていた。ヨーロッパ戦線での戦闘が終結する際にはヤルタ会談とポツダム会談が相次いで開催され、米ソ両国にとって戦後における勢力圏の確定という博打にも似た問題はすでに現実的課題となっていた。ここで思い起こさなければいけないのは、一九四五年八月の米国による日本への原子爆弾投下に込められていたソ連への威嚇が、結果として迅速に対日宣戦を行ったソ連による満州及び朝鮮北部、サハリン南部、そして千島列島への進攻を招いたことである。米軍は一九四五年の夏にはすでに朝鮮半島に入っており、ソ連と勢力圏を争うためにまず軍事境界線を引いている。イラン危機の後の一九四六年三月、チャーチルは「鉄のカーテン」が下りたことを宣言、一九四七年七月のマーシャル・プランにソ連が含まれることはなかった。ソ連による金日成の南進支持にはバルカン半島と中東地域における米国の挑発行為に対する対応という側面が強く、その中でも一九四九年四月から八月にかけて北大西洋条約機構が成立し、各国の批准手続が完了したことはソ連と東側ブロックを強く刺激した。またソ連が一九四九年八月に初の原子爆弾試験に成功することで、核抑止の構造が形成された。

朝鮮半島における分割統治の構造はヤルタ会談という枠組みにおいて初めて出現したが、国際的な信託統治という形式を取っていた。しかし朝鮮は戦争を始めた国でもなければ敗戦国でもなく、さらにその人民は自国の運命を決める重大事件に参加もできなかった。朝鮮の隣国である中国はこうした「国際的決定」に参加していない。ベルリン陥落後には米ソ両国が戦争の重点を極東にシフトし、ポツダム会談の主題の一つとして対日作戦が取り挙げられることで朝鮮占領の問題も両国の戦争プランに組み込まれ、ヤルタ会談における信託統治の計画もこの段階で潰れることとなった。一九四五年五月にトルーマンの特使がスターリンに面会した際、スターリンは依然としてヤルタ協定が確定した四カ国による朝鮮信託統治案を主張していたが、ポツダム会談以降にはソ連が対日宣戦を行い朝鮮に侵入し、朝鮮を分断する「三八度線」案が米国によって提出された。これは新中国成立前夜のことであり、朝鮮半島の情勢変化における重要事件である。

新中国が建国されたことに伴い、アジア地域における米国の新たな任務として新中国の抑制が加わり、新中国成立以前に中国共産党の指導者はすでにソ連と同盟し東側ブロックへ加わる方針を固めていた。北朝鮮の南進をめぐるスターリンの態度が反対から支持に転換する上でこうした情勢が果たした大きな役割を無視することはできない。現存する公開文書による限り、一九五〇年一月の段階においてスターリンは北朝鮮の南進を支持する方針を毛沢東に伝えていないが、新中国の成立及び中ソ友好同盟相互援

（39） 毛沢東「在穏当可靠的基礎上争取一切可能的勝利」、『毛沢東文集』第六巻、一〇七～一〇九頁。

助条約の締結がスターリンの態度変更を後押ししたという可能性も推定できる。よって朝鮮戦争とは一九五〇年の産物というよりも、先述した過程の発展と言うことができる。世界各国の事柄は各国の人民自身の手に、アジアの事柄はアジア人自身の手に任されるべきだという思想自体が、一九四五年のヤルタ会談以降、特にポツダム会談以降における弱小国家が覇権国家に命運を握られた上でその勢力化に組み込まれるという情勢に対して向けられたものである。

朝鮮のソ連軍が大挙してソウルに迫った際、米軍はソ連による朝鮮全域の支配を防ぐため、日本人投降者の受け入れを分担する米ソ両国の軍事境界線として北緯三八度線を定めた。こうした視点から見れば、朝鮮戦争は民族統一への願望という点で中国の内戦と類似しており、他者による侵入事件と見なすことはできない[40]。内乱であるとは言え、いかなる外部からの軍事干渉（特に覇権的戦略利益を基盤とする軍事干渉）は全て正当な理由を持たない。米軍は一九四五年九月に朝鮮南部で投降者を受け入れた後、韓国臨時政府と一定の矛盾を抱えた米国長期滞在者の李承晩をまず一〇月中旬に専用機で帰国させ、国民党政府の助成[41]を受け重慶に流れていた韓国臨時政府要員（右翼の金九、左翼の金奎植など）に対し個人の身分で帰国するよう命令した[42]。金九らは一一月五日に重慶から上海に到着してから十数日間過ごした後に、国民党政府と米軍の交渉を経てようやく米軍専用機で帰国している。金九は当時の韓国臨時政府の中心人物であり、その政見は同様に反共かつ親米であった。米国の韓国臨時政府の合法性に対する執拗な取締りの背景には、戦後のアジアにおける中国の影響力拡大を望まず、また朝鮮半島及びアジア全域における最大の権益を獲得し、覇権を独占しようと考えた米国の思惑が存在している[43]。

一九四五年一二月、モスクワにて開催された米ソ英三カ国の外相会議において米ソ中英による期間五年の朝鮮信託統治を実施することが決定された。(44) 結果として朝鮮南部において民衆の抗議が引き起こされ、米軍は故意にソウルの世論を誘導し、信託統治の協定はソ連の提唱によるものとして反信託統治運動の矛先を反ソ運動に向けさせようと試みた。(45) 同時に朝鮮北部では土地改革が開始され、ソ連軍は朝鮮

(40) *The Origins of the Korean War* (Princeton University Press, 1991) を出版して以降、ブルース・カミングスは朝鮮戦争に関する多くの著作を発表しており、この問題にも別の側面から触れている。最近の著作には *The Korean War: A History* (Modern Library Chronicles, 2010) がある。

(41) 「中国国民党秘書処向蒋介石呈文」(中国国民党党史会韓国檔 016–26–5) では、国民党の金九に対する特別援助、そして国民政府が朝鮮半島の政局に関与する際のチャンネルとして金九に期待を寄せていたことが明言されている。(石源華、蒋建忠編『韓国独立運動与中国関係編年史』(下)、一五〇五～一五〇六頁から再引用)「韓国の全境を査べるに、美蘇分別して控制するの下に在り、其の国内の態勢、我が国従りて干預する無し。惟だ蘇聯と中共とは沆瀣一気にして、遂に延安扶植するの韓共分子をして、北韓に在りて勢力を占用するを為さしむ。反りて我が中央扶植するの金九の輩を観るに、南韓に入るの後、竟に未だ重大作用を起こす能わず。もし将来美蘇時を同じくして撤退すれば、則ち所有の南韓の民主勢力、其の北韓の赤潮の淹滅する所と為らざる者は幾ど希なり」。

(42) 金九は『白凡逸志』にて、臨時政府の現状維持を望む立場から次のように述べている。「米国の主張によれば、ソウルではすでに米軍政府が成立しているため、帰国は個人名義でしか認められず、臨時政府の名義での帰国は許されなかった。我々はどうすることもできず、各自個人の資格で帰国することを決めた」。金九著宣徳五、張明恵訳『白凡逸志』の附録「白凡金九先生年表」(重慶出版社、二〇〇六年)、二四九頁を参照。

(43) 蒋介石がルーズベルトの提出した中国による琉球接収の問いに対して最終的に積極的な対応を取らなかったことも、米国の戦後秩序構想をはっきりと理解していたからであり、できるだけ米国との間で問題を引き起こさないよう望んでいたからである。拙著『東西之間的「西藏問題」(外二篇)』(北京、三聯書店、二〇一一年) に収録された「琉球与区域秩序的両次巨変」を参照。

(44) *Foreign relations of the United States: diplomatic papers, 1945*. (The Far East, China), Volume VII, pp. 882–883. http://digital.library.wisc.edu/1711.dl/FRUS.FRUS1945v07 (2013/10/24 アクセス)

(45) 曹中屏、張璉瑰等編著『当代韓国史 一九四五－二〇〇〇』(南開大学出版社、二〇〇五年)、四二一頁。

北部から大部分の駐留軍を引き上げた。一九四六年には米国占領軍の経済政策による深刻なインフレを受け、朝鮮南部では人民の抗争が発生、その中でも最大規模のものは九月のゼネストから「参加者三〇〇万人超のうち死者三〇〇人超、行方不明者三六〇〇人超、負傷者二六〇〇〇人超」を出した人民蜂起「十月民衆抗争」に発展した。[46] 暴動に参加した農民のスローガンの一つは北朝鮮と同じ土地改革の執行を要求するものだった。[47] 一九四七年一〇月、米国は国連を通じて一九四八年三月三一日に南北朝鮮で同時に総選挙を実施し、統一政府を成立することを提案する。しかし朝鮮北部が総選挙への参加と承認を拒否する状況下において、米国コントロール下の国連決議案は朝鮮南部による単独選挙の実施を支持することに事実上等しかった。一九四八年二月一〇日には「韓国の国父」と称される金九が「三千万の同胞に泣訴する」と題する声明を発表、韓国による単独の建国に反対したが失敗に終わった。金九は南北協商による統一政府の樹立を提案、韓国の単独選挙を進める国連決議案に反対すると同時に、北朝鮮を訪問し金日成と会談を行った。[48] 金九が南北協商統一をあくまで主張し、また金日成と接触したことにより、李承晩は米軍にとってより魅力的な人選となった。同年五月には総選挙が実施され、八月一五日には李承晩が大韓民国大統領就任を宣言、ただちに国連の承認を得た。また朝鮮南部にて単独選挙が行われたことを前提に、同年九月九日には朝鮮北部で金日成が朝鮮人民民主主義共和国主席に選出され、東側ブロックの承認を得ている。また一九四八年末にはソ連軍が朝鮮半島から完全に撤退し、米軍も翌年の六月には大部分が朝鮮半島から撤退した。

米軍が撤退を進める同年六月二六日、金九は韓国陸軍少尉安斗熙によって暗殺された。[49] 米ソ両国が撤退した後、南北朝鮮の敵対状態は一触即発の状態となり、北部では戦争の準備が積極的に進められる一方、南部では米国による公然の武装化が進み、双方の間では争いごとが頻発した。フルシチョフの回想によれば、一九四九年末には金日成がスターリンに対して統一戦争を発動する意図があることを報告、その後に詳細な戦争計画が作成されスターリンの支持を得たという。朝鮮戦争開戦直前の一九五〇年六月一八日にはダレスが突然「三八度線」に出現し、東側ブロックには米国が戦争を発動するシグナルと受け止められたが、米国はその後偶然な事件であったと説明している。朝鮮戦争とはそれが偶然が否かを問わず、第二次世界大戦から発展したものであり、米ソ両国の戦略上における均衡及び不均衡の産物であることは明白である。よってこの戦争の動因について考察する際には、某勢力のある時期における動向だけを根拠とするのでは不十分であり、賭けをする双方の戦略が変動する過程から判断する必要があるのである。では一体誰が朝鮮半島分断という局面を作り上げ、南北双方によって可能であったはずの統一過程を破壊し、対立局面を作り上げた後に自己の必要から戦略上の均整をも打ち壊したのか？朝鮮戦争の原因を問い詰める際、こうした問題は誰が口火を切ったのかという問題よりはるかに重要な問題である。

「東方に有利」が中ソ同盟及び社会主義陣営の存在を物質的また理念的な前提としている以上、「世界に有利」はより広大な歴史過程の中において考察する必要がある。米軍は朝鮮戦争にて困難な戦局に直

(46) 姜万吉著、陳文寿、金英姫、金学賢訳『韓国現代史』(社会科学文献出版社、一九九七年)、一九四頁。
(47)『当代韓国史一九四五－二〇〇〇』、六〇頁。
(48) 金九著、宣徳五、張明恵訳『白凡逸志』の附録「白凡金九先生年表」(重慶出版社、二〇〇六年)、二七四頁を参照。
(49) 同右、二七五頁。

面するなか日本の再武装を試み、一九五一年夏季に日米協定の青写真を作り九月のサンフランシスコ調印が決まった。日米両国は日本の朝鮮戦争参戦について一切承認を拒んできたが、これには二つの原因があると考えられる。一つ目は、国際連合憲章の五三条と七七条、一〇七条の条項にて第二次世界大戦の枢軸国は「敵国」と称されており、日本が朝鮮戦争に参戦することで国際情勢がより複雑化する可能性があったためである。[50]二つ目は、日米単独講和の下で日本を朝鮮戦争に介入させる動議が提出されるとすぐにインド、フィリピン、ミャンマー、インドネシア等の反対に直面し、民衆による大規模な抗議運動が起こったことである。吉田政権は憲法九条に抵触することを懸念し、秘密裏に行動するよう大久保武雄海上保安庁長官に命令している。講和条約締結前の敏感な時期であり、日本政府は日本再武装に対し懸念を表明せざるを得なかった。九月八日にはサンフランシスコ講和条約に続いて日米安保条約が同日に締結されたが、ソ連などの国々はサンフランシスコ講和条約への調印を拒否している。アイゼンハワーは一九五三年、朝鮮半島において戦争と談判が膠着状態にあるなか東南アジアの戦争に介入し、東南沿海から中国に圧力を加えることで朝鮮半島の中国兵力を牽制しようと試みている。しかし朝鮮戦争における失敗の教訓に鑑み、つまり「三八度線」越境に対する中国の警告を恐れ、米国は最後までベトナム戦争の際に北緯一七度線（中国政府は同線が最低ラインであることを明確に米国へ表明していた）を越えた北ベトナムを目標とする有効な軍事攻撃を行うことはなかった。これは朝鮮戦争における軍事上の失敗が米国を長期間にわたって束縛していたことを示すものである。こうした視点から見れば、失敗に終わった米国のベトナム戦争は朝鮮での挫折と関係があると言える。こうしたことから、軍事と政治、戦争と平和は相互転化の関係にあるが、平和を勝ち取る条件とは軍事上の勝利であり、軍事上の失敗や妥協ではないことが分かる。朝鮮戦争休戦後の一九五三年一二月末、周恩来はインド代表と会談した際に平和五原則を提出した。一九五四年四月に開催された朝鮮問題とインドシナ問題を主題とするジュネーブ会議では、中国、ソ連及び北朝鮮が全ての外国の軍隊を朝鮮半島から撤退させ、朝鮮全土にて自由選挙を実施するよう主張したが、米国はこれを拒絶、南朝鮮代表は中ソの反発が想定されるにもかかわらず大韓民国憲法に基づく選挙の実施を主張した。ジュネーブ会議における朝鮮戦争に関する国際談判は米国に誠意がなかったため失敗に終わったが、第二段階のインドシナ問題に関する談判は進展した。この一回の談判プロセスを通じて米国と英国及びその盟友諸国の同盟関係の間には局部的な変化が発生したが、これもまた一定の意味において毛沢東が一九七〇年代に唱えた「三つの世界」理論の政治的前提と関係している。一年後の一九五五年四月にアジア・アフリカ諸国の民族独立をテーマとしたバンドン会議が開催され、参加国は反植民主義及び民族解放を勝ち取る問題を幅広く提出し、またアジア・アフ

（50）国連憲章第五三条の規定によれば、「一、安全保障理事会は、その権威の下における強制行動のために、適当な場合には、前記の地域的取極または地域的機関を利用する。但し、いかなる強制行動も、安全保障理事会の許可がなければ、地域的取極に基いて又は地域的機関によってとられてはならない。もっとも、本条二に定める敵国のいずれかに対する措置で、第一〇七条に従って規定されるもの又はこの敵国における侵略政策の再現に備える地域的取極において規定されるものは、関係政府の要請に基いてこの機構がこの敵国による新たな侵略を防止する責任を負うときまで例外とする。二、本条一で用いる敵国という語は、第二次世界戦争中にこの憲章のいずれかの署名国の敵国であった国に適用される」。第一〇七条の規定によると、「この憲章のいかなる規定も、第二次世界大戦中にこの憲章の署名国の敵であった国に関する行動でその行動について責任を有する政府がこの戦争の結果としてとり又は許可したものを無効にし、又は排除するものではない」。このほか、第七七条の信託統治制度に関する規定においても第二次世界大戦における「敵国」問題に言及している。

リカ等の被抑圧民族間の経済、文化、政治における協力を推進しただけでなく、国際関係問題においても国際関係を指導する十原則を提出した。この十原則は周恩来が一九五三年末に唱えた五原則をより深め拡大したものである。

朝鮮戦争とベトナム戦争、そして先述した政治プロセスが密接な関係にあることは、帝国主義戦争に反抗する軍事闘争が広大かつ複雑な政治プロセスを伴うことを明確に説明している。まさにこうしたプロセスにおいて、帝国主義覇権の緩和と後退はまさに時代の趨勢となり、一九六〇年代から一九七〇年代にかけて脱植民地運動と民族解放運動はアジア、アフリカ、ラテンアメリカといった地域に拡大するだけでなく、米国など西方世界内部でも反戦運動や第三世界の民族解放を支持する運動がわき起こった。国連は一九五〇年代には米国の戦争を支持する政治機関と化していたが、依然として国際組織の運営形態を維持していた。ただ朝鮮戦争においてのみ、その帝国主義覇権の傀儡的性質が充分に示されることとなり、その後の国連内部における政治闘争の先鞭を付けることとなった。朝鮮戦争及びそれによって引き起こされた一連の結果が存在しなければ、一九六〇年代のアジア地域において徐々に高まる民族解放運動の形成は大変困難だったはずである。もし朝鮮戦争における軍事闘争、ジュネーブ会談における西方世界の内部における不一致、中越両国及びその他の国家間における同盟構築、バンドン会議にて表明された民族解放という新しい気運、そしてベトナム戦争における軍事闘争と政治的ギャンブルを結びつけるならば、朝鮮戦争が熱戦の形式で平和の方式を促し、また全世界の被抑圧民族の統一戦線を推し進めたと断言することができる。この意味において、新中国の成立、世界人民の団結、東側ブロックの出現そしてこれらを背景に爆発した民族解放運動が近代以来の歴史構造全体を打ち破ったと言うことができる。反帝国主義戦争の論理はすでにその後のアジア、南アメリカ、アフリカにおいて植民地主義及び帝国主義の覇権に反対する脱植民運動と朝鮮戦争を関連付けている。これは以前存在しなかった政治主体の出現によって成り立つ構造である。我々はこうした歴史プロセスから出発することによって初めて、毛沢東の言う「東方、世界に極めて有利」の意味を理解することができるのである。この意味は現在多くの歴史家によって意図的に覆い隠されてきたものであり、彼らは東方と世界をソ連に取り替えることによって、二〇世紀中期に確かに存在した「東側ブロック」及び其の関係を単純な中ソ間の国家関係に置き換え、また朝鮮戦争に内包された国際主義的な性質、より正確に言えば帝国主義の侵入と覇権に反対する民族解放運動が必然的に内包する国際的意義を徹底的に抹殺したのである。抗美援朝の概念を米国人の Korean War の概念に置き換えるのと同じで、こうした歴史研究におけるレトリックの変化がもたらす変動とは戦争の政治的意味である。「世界に有利」という判断から出発する場合、先述した広大な歴史過程から始めることによって、中国参戦の短期的な効果とは中ソ同盟の強化であったが、長期的な効果には冷戦下における覇権構造の解体も含まれることを更に証明することができるのである。

よって中国義勇兵の朝鮮出兵には、北朝鮮への支持、東北地方の防衛、米国の台湾海峡封鎖に対する反撃、国連の中国拒絶に対する抗議、そして覇権が主導する世界構造への拒絶といった多重の意義があると言うことができる。これらの要素は一九五〇年六月二八日に毛沢東が中央人民政府会議において唱えた「全世界の人民が団結し、米帝国主義を打ち破ろう」のスローガンに凝縮されていることが分かる。ヨーロッパにおいては一九四八年が冷戦体制確立の目安となっているが、アジアにおいてはこの一年が朝鮮半島統一の希望があった分治から南北が抵抗する戦争体制へと変わる転換点でもあった。一九五三年の朝鮮戦争休戦とは所謂休戦体制がより強化され、アジア冷戦構造の標となったことを示すものである。朝鮮戦争はこうした世界構造が形成される転換において発生したということになる。長期的視野から見れば、中国の朝鮮戦争参戦はその後の冷戦構造に重大な影響を与えているが、同時に冷戦体制を揺さぶる契機をも生み出していたのではないだろうか。

二　人民戦争から国際主義同盟戦争への転向における政治的意義

政治範疇としての人民戦争

中国人民義勇軍による朝鮮戦争参戦はそれまでの国内における人民戦争とは異なるものである。前者の主な特徴としては、一つ目には国外戦争であったこと、二つ目には核抑止という世界規模の冷戦条件下における熱戦であったことが挙げられる。では国外戦争は「革命」の性質を具えているのだろうか、または民族の性質しか具えていないのか？　核抑止という状況の下でも、人民戦争の原則はまだ意味を持ちえるのか？　また朝鮮戦争と中国革命における人民戦争は一体どのような関係にあるのか？　こうした問題は、朝鮮戦争が二〇世紀中国史においてどのように位置づけられているかを理解する上で重要な意味を持っている。

この問題を説明するには人民戦争について理論的な解釈を行う必要がある。一点目には、人民戦争とは純粋な軍事概念ではなく、一つの政治範疇であることを挙げることができる。二〇世紀における中国独特の条件の下、人民戦争とは新しい政治主体を創造する過程であると同時に、この政治主体に適応した政治構造とその主体の自己表現形式を創造する過程でもあった。人民戦争の過程においては、現代政党における代表の関係が根本的に転化され、農民を母体、農工連盟を政治的外殻とした人民という主体が誕生することで、一切の政治形式（例えば辺区政府、政党、農会及び工会等）の成立と変化が促進される。創建時の中国共産党はマーリンに小資産階級と称された知識分子らによって構成されていたが、彼らと農民及び工場労働者との関係は国民党のそれに劣るものであった。一九二五年から一九二六年にわたる国民党の連ソ容共政策により、国共両党は農民運動及び労働者運動に共同で取り組んでいた。毛沢東が指導した広州農民運動講習所もこうした農民運動の産物である。国民党は北伐期における政治刷新を次の二点に集中させている。一つ目は、旧軍閥体勢からの脱却と党軍の設立である。二つ目は、共産党とともに農民運動と労働運動に従事することで、大衆運動を北伐戦争に組み入れることである。党軍の概念とは武装革命を以って武装した反革命に反対することだが、最初の段階においては共産党の発明ではなく、革命段階において国際共産主義運動の影響を受けた国民党の創案であった。しかし一九二七年以降は国民党が徐々に社会運動から離れ、党と国の一体化が進むにつれて軍隊の政治性も大幅に後退することとなった。共産党に関して言えば、北伐戦争の失敗後に徐々に展開された人民戦争から離れた政党改革など想像もできなかったのである。人員構成や社会基盤、また職業形態や革命政治の内容がどうであろうと、一九二一年に少数の知識分子によって成立された農民階級及び労働者階級と実質的な関係を持たない政党と、江西ソビエト区期の政党の間には大きな違いが存在する。大革命の失敗後、李立三や王明、瞿秋白が主導した都市暴動と労働者闘争は、農村によって都市を包囲する軍事戦略から徐々に発展していった人民戦争と異なる。政党は人民戦争において軍隊や赤色政権と結合するほか、土地革命を通して農民を主体とする大衆とも結合し、人民戦争において異なる政党と社会階級及びその政治代表との関係を変える。こうした事柄は、歴史上の政党と全く異なる政党モデルや歴史上の無産階級と根本的に異なる農民を主な構成員とする階級主体が人民戦争によって創造されたことを我々に教える。筆者はこのような政党そのものを超越する要素を持った政党を超政党と呼びたい。

二点目には、人民戦争によって創造される独特な戦争形式が挙げられる。秋収起義と南昌起義に参加した部隊は井岡山にて合流し、江西ソビエト区の革命根拠地を建設したが、これは人民戦争の発展を示す一里塚と言える。根拠地における土地革命と武装闘争は政党政治を大衆運動へと転化させるための基本方式となり、このため井岡山の闘争における中心課題は革命戦争の条件下における土地改革及び政権樹立へとシフトした。党と軍隊の結合、党による軍隊を通しての農民運動と土地改革の結合、党指導下のソビエト政府による経済生活の管理、また民衆工作において党が展開した文化運動などは革命の具体的内容と中心任務を変質させただけでなく、政党及び軍隊、政権と農民運動などの多重な結合を通して完全に新しい革命的且つ政治的な主体を創造した。これが人民戦争の政治的基盤である。戦争中に展開される先述したような政治プロセスが人民戦争に与える特徴は他の戦争形式と異なる。毛沢東によると、兵と民は勝利の本であり、この命題には人民戦争の一般原則が含まれている。第一に、群衆に頼り動員を行うことによって初めて戦争遂行が可能となる。第二に、強大な正規軍だけでなく、地方の武装と民兵もまた必要となる。第三に、兵と民の範疇とは軍事闘争に密接に関連した土地改革と政権建設を主な内容とする政治プロセスを意味するようになる。

三点目には、人民戦争における重大な成果の一つでもある割拠地区における赤色政権の確立を挙げることができる。赤色政権の主な政治形式は辺区政府と辺区ソビエトに分かれる。辺区政府は日常生活における組織形式であり、よって国内外の過去における国家の経験も参考となるが、この政権形態は一般的意味における資産階級国家とは異なり、持続的な政治及び戦争による動員のなか覚醒した階級的な政治形態である。毛沢東は著名な論文「中国の赤色政権はなぜ存在することができるのか?」において次のように指摘している。中国は帝国主義国家でも、帝国主義に直接統治された植民地国家でもなく、国内内部で不均衡が発展し、帝国主義によって間接的に統治された国家である。こうした条件の下、軍閥が異なる帝国主義に依存することにより国家内部における分割局面が不可避となったが、まさにこうした状況が階級統治を弱めることになった。これが中国の赤色政権が存在可能となる外部条件である。大革命は失敗に終わったが、革命時期に形成された国内動員は火種のように燃え続け、大革命中に挫折したが幸運にも生き残った中国共産党は以前と異なる路線を探索せざるを得なくなった。共産党が戦争という条件下において独自に割拠地区における赤色政権の樹立を試みることで、政党及び軍隊、そして政権と大衆政治の相互結合を通した人民戦争による新しい政治が創造された。これが赤色政権が存在可能となる内部条件である。抗日戦争期においては中国共産党及びその政権が巨大な発展を遂げ、武装闘争、大衆路線そして統一戦線がその勝利を保障することとなった。解放戦争期においては抗日ゲリラ戦争が大規模な流動的進攻作戦となり、中心都市を奪取するに従って流動的進攻作戦と陣地戦がゲリラ戦に代わって戦争の主要形式となった。

四点目には、人民戦争という条件の下に中国共産党と根拠地政府が処理した単純な軍事問題とは異なる日常生活の組織問題を挙げることができる。ここで政党と政府の大衆路線における問題が出てくるが、主な内容は次の二点である。第一に、最大数の大衆のための利益を考えることが、党の工作の出発点であると同時に終着点でもあることである。第二に、辺区政府とは大衆生活の組織者であることである。群衆の問題解決に尽力し、切実に群衆生活の改良に努めることで大衆の辺区政府に対する信頼を勝ち取り、大量の群衆を動員し紅軍の戦争に協力させることで包囲突破が可能となる。よって人民戦争は軍事手段を用いて効率よく敵を消滅させるだけではなく、土地や労働、生活必需品、婦女、学校、市場での売買そして貨幣金融など人民生活を構成する主要な問題も処理しなければならない。つまり軍事と日常生活の相互浸透と転化が人民戦争の核心問題となる。毛沢東は繰り返し共産党員に対して次のように指摘している。大衆の支持を得て彼らに生命を戦場に捧げるよう説きたいならば、大衆とともにあってその積極性を引き出し、彼らの苦しみに関心を持たなければいけない。誠心誠意を持って大衆のための利益を考え、彼らの生活、部屋、米、塩、衣服、出産などの問題の解決にあたらなければいけない[51]。大衆路線は人民戦争の基本的策略であると同時に、政党の政策でもありまた政党の形態をも構成する。組織が存在しなければ大衆がどこに存在するのか分からないが、大衆と一つにならず彼らに学ぼうとしなければ、大衆を凌駕できる活力ある構造に至ることはできない。広大だが未開発な農村において農民主体の政党が運動中に獲得する政治的表現とは、この意味において正に人民戦争の条件下で政党及びその群衆路線によって創造された階級の自己表現であり、それゆえに政治的な階級が創造される。従来の政党は農民主体の無産階級を創造できなかったが、人民戦争を経て自己再建を果たした政党のみがこの使命を完成させることができるのである。政党と政党政治、ソビエト政府などが一九世紀ヨーロッパ及び二〇世紀ロシアの政治現象に起源を持つのと異なり、人民戦争は中国革命の独自性を具える発明である。この意味において人民戦争を理解しなければ、中国革命の特質、革命における「党の建設」とそれ以前の政党政治との間の徹底的な違い、また大衆路線や統一戦線といった二〇世紀の中国において形成された独特な政治範疇の歴史的内容も把握できないのである。

国防戦争と国際主義戦争

二〇世紀中国史において朝鮮戦争とは人民戦争が発展したものだが、伝統的な人民戦争とは異なっている。朝鮮戦争を紅軍時期の革命戦争、抗日戦争また朝鮮戦争などの人民戦争の序列に位置づけ観察すると、この戦争のいくつかの特徴が見えてくる。第一に、朝鮮戦争は新中国にとって初の国外戦争であり、紅軍時期の革命戦争や抗日戦争の戦争主体は白色地域における赤色政権または敵後抗戦の根拠地であったが、朝鮮戦争は新中国の成立を前提としている。これによって戦争形式は伝統的な人民戦争から国防を主な内容とする戦争形式へと変化した。中華人民共和国という陣地の喪失が許されないだけでなく、その主権及び領土に対するわずかな侵害も許されない。これは人民戦争から国防戦争への転換点と言える。朝鮮戦争は義勇兵の形式で出現した国防軍と米軍を主体とする国連軍の間で行われた国外の死闘であり、その目的は国外における根拠地建設や人民戦争を通しての新しい政治的階級の創造にあったのではなく、新中国の防衛にあった。この戦争において中国人民解放軍は新たな段階に入り、革命化及

(51) 毛沢東「関心群衆生活、注意工作方法」、『毛沢東選集』第一巻、人民出版社、一九六八年、一二二～一一三頁。

び正規化、また現代化を成し遂げた国防軍を作り上げた。過去においては革命的軍隊であると同時に、農民の土地革命に参加する播種器または宣伝隊であり、同時に武装革命を以って武装した反革命に対抗する暴力機械でもあったが、現在においては保家衛国を第一の責務とする正規部隊となっている。

第二に、朝鮮戦争の最中に軍隊と国防建設、そして工業化の過程の間において密接な関係が生じた。この時期はちょうど戦争動員のピークにあたり、都市工業化を軸とする新中国の第一次五カ年計画が順調に進んでいた。保家衛国のスローガンは全社会の政治的熱情を刺激し、前代未聞の社会動員を成し遂げた。これが戦後復興の主な動力となったのである。戦時中には同盟関係を通してソ連の大規模な援助を受けることで、中国工業化の基盤が形成された。[52]朝鮮戦争はまた中国の核保有化を早める上で大きな役割を果たした。

第三に、国防の側面から見れば朝鮮戦争における政治的な最低ラインとは米国による中国威嚇と北朝鮮の崩壊を認めないことであり、中朝両国の部隊の「三八度線」退却が不可能だったのもこれに起因する。一九五二年一〇月、米国は談判が進行中にもかかわらず休会を宣告し、六日後には上甘嶺戦役を開始した。この攻防戦は双方にとって政治性の高いものであり、新任のクラーク米軍総司令官は米民主党の選挙キャンペーンの一環として、中国軍は陣地戦において「三八度線」からの退却不可を政治原則の最低ラインとしていた。また国外戦争であるため、朝鮮戦争の基本形態である流動的進攻及び防衛を軸とする戦闘方式は祖国からの後方支援に頼らざるを得ず、義勇兵と朝鮮人民軍は肩を並べて戦闘にあたり、朝鮮民衆の支持の獲得に努めた。騒乱やゲリラ戦術も取られたが、戦争の基本形態は流動的進攻作戦及び陣地戦であった。

先述したような違いが存在するとしても、朝鮮戦争は人民戦争のいくつかの特徴を受け継いでいる。第一に、国外で展開されたにもかかわらず、朝鮮戦争は中国戦史でも稀な全国規模の動員を前提としている。二〇世紀中国において全国の人民が総動員された戦争は二回だけである。一つ目は抗日戦争であり、国民党が正面作戦と政治的枠組みを主導するという前提のもと、中国共産党は抗日統一戦線の形成を契機とする全国規模の動員を促進した。二つ目は朝鮮戦争である。長期にわたる革命と戦争を経て、中国は台湾地区以外の全国統一を実現することによって、政治的かつ経済的、文化的であると同時に軍事的でもある普遍的且つ徹底した動員を行う条件を整えた。一九五〇年から一九五三年前後にかけて、毛沢東の懸念や最終的な決断はどれも全中国の人民がこの戦争を支持するか否かにかかわっていたと言える。

第二に、国外戦争という条件の下、軍隊と人民の関係に重要な変化が生じたことである。人民戦争における軍隊と根拠地人民の間におけるような親密な関係の再現は困難であったが、義勇兵は朝鮮に渡った後に国境を越えた条件の下でこうした関係の構築を試みている。一九五〇年一〇月八日、毛沢東署名入りの「中国人民義勇兵の組織に関する命令」では朝鮮領内に入る義勇兵に対して、「朝鮮人民及び朝

（52）沈志華「新中国建立初期蘇聯対華経済援助的基本情況——来自中国和俄国的档案材料」（上、下）（『俄羅斯研究』二〇〇一年一期五三～六六頁、二期四九～五八頁）にて提供された資料に基づき、温鉄軍は中国の第一次五カ年計画時期の工業化プロセスを「二大超大国の地縁戦略の調整によって制限されると同時に、戦略的な外資投入によって客観的に主導された中国工業化」とまとめている。「全面的ソ連化」とも称される工業化が、一九五二年に制定された第一次五カ年計画によってではなく、一九五〇年の朝鮮戦争勃発後におけるソ連の全面的な対中援助によって開始されたとしている。温鉄軍『八次危機』東方出版社、二〇一二年、一〇～四四頁を参照。

鮮人民軍、朝鮮民主政府、朝鮮労働党そしてその他の民主党派及び朝鮮人民の指導者である金日成同志に対して友愛と尊敬を示し、軍事紀律と政治紀律を厳格に守らなければならず、これらは軍事任務の完成を保障する際に極めて重要な政治的基礎である」と特別に指摘している[53]。この命令は中国共産党が国外戦争という特別な環境に対して冷静な認識を持っていたことを示すと同時に、義勇兵が国外においても中国革命にて培われた人民戦争の経験を柔軟に活用しようとしたことをも示している。

第三に、抗美援朝の国内における前提とは新中国の成立であり、国外における前提とは人民民主国家を主体とする東側ブロック及びそれを基礎とする国際的な団結であった。朝鮮戦争はもうかつての人民戦争ではなく、人民戦争の伝統が国境を越えた戦争条件の下で延長したものである。その中には統一戦線や群衆路線などの要素が同様に含まれていたが、基本的な環境の変化によってその意義も変化を余儀なくされた。戦争という条件の下、全世界人民民主国家（ソ連を含む）とアジア・アフリカ地域に出現した民族解放運動は共同で国際的な統一戦線を形成した。東方及び世界にとっての朝鮮戦争への中国参戦の意味について考えると、この戦争の深い政治性が朝鮮戦争と新世界情勢下における革命発展の問題との密接な関係において確かに体現されていることが分かる。抗美援朝や保家衛国における政治性が東西陣営が対峙する状況下において発生することで、戦争の政治性は一般的な国家間による戦争の意味を超える。朝鮮戦争のこうした政治性に含まれた意味を理解せずに、ただこの戦争を民族戦争または国家戦争と捉えるだけでは徹底した歴史的解釈を行うことはできない。こうした理由から、朝鮮戦争には帝国主義に抵抗する国際主義戦争、そして民族戦争という二重の性質が具わっていることが分かる。武装闘争や群衆路線、統一戦線などの人民戦争の論理が国際分野において開拓されたことを言えば、朝鮮戦争とはつまり二〇世紀中国革命の延長なのである。

国外戦争の核心問題とは戦争の性質にあるが、つまり国際主義原則に基づく援助戦争なのか、それとも単純な国家利益に基づく民族戦争のどちらかということである。民族戦争を区別せずに否定するような全般的な論調では、民族戦争の政治的意味を明確にすることは不可能である。民族主義に関して言えば、抑圧民族と被抑圧民族の間における違い、帝国主義戦争と民族解放戦争の間における違い、旧世界の民族主義と新中国及びその他の民族による反帝国反植民の民族主義の間における違いが存在する。中国に関しては、抗米援朝戦争と抗米援越戦争はともに帝国主義と植民地主義に反対する戦争であるため国際主義の特徴を具えているが、一九七九年のベトナムに対する「自衛反撃戦」にはこうした政治的性質がみられない。こうした意味において、「自衛反撃戦」は中国の「短い二〇世紀」の内部には存在せず、むしろこの革命の世紀が閉幕する際に起きた戦争と言えよう。

核抑止という条件下における最初の戦争：戦争の勝敗を決めるのは人か、それとも物か？

朝鮮戦争は人類史上核兵器が出現してから初めての大規模戦争となる。一九四五年に米国が広島と長崎に対して核爆撃を行った後、初めて冷戦の概念を使用したのは『一九八四』の作者ジョージ・オーウェルである。ではなぜ「冷戦」なのか？　それは核兵器と核抑止が出現したためである。核抑止の戦略による均衡の下、戦争は冷戦の形式で出現する。中国が戦った朝鮮戦争とは、核攻撃を実施する能力

（53）毛沢東「組成中国人民志願軍的命令」、『毛沢東文集』第六巻、一〇〇～一〇一頁。

を持つ帝国主義の超大国を相手とする軍事上極めて不均衡なものだったのである。第二次世界大戦の前には米国の核兵器開発及びその成功は予期できぬことだったが、朝鮮戦争に参戦した中国は核兵器を保有する覇権国家と戦うこととなった。核戦争の可能性を考えないことなどできたのであろうか？　こうした武器装備における極めて不均衡な戦争の出現とは、人民戦争の可能性を根本的に変えてしまったのだろうか？

米国は朝鮮戦争において具体的な核兵器使用計画を二度検討しているが、そのどれも日本再武装と台湾参戦の構想に関連している。一九四五年に開始されて以降、米国で核兵器の実用性に関する研究が途絶えたことはない。米軍が軍事的崩壊の局面を迎えた一九五〇年一一月末、マッカーサーは蒋介石に第五二軍を派遣し朝鮮戦争を支援するよう電報で要求し、蒋介石は即答している。またマッカーサーはその前に中国軍部隊及び兵站に対して核攻撃を行う「遅延計画」も用意していた。マッカーサーが一二月三〇日に米陸軍部に出した提案には、次の軍事的措置が含まれている。（1）中国海岸の封鎖、（2）空海両軍の砲撃による中国軍事工業設備の破壊、（3）台湾国民党軍部隊の支援の獲得、（4）国民党軍部隊に課された制限を撤回することで中国軍を牽制、同軍部隊による中国大陸への反撃を可能とする。[54]トルーマンも一一月三〇日の記者会見にて核兵器使用に関する質問に対し、核兵器を含むあらゆる兵器を使用する用意があると明確に答えている。米国が二つの方面において核兵器使用の容認という最低ラインを超えたと受けとめられ、世界の与論には激震が走った。一九五三年に米国大統領に就任したアイゼンハワーは古い手口を再び用い、核攻撃計画を再検討する一方、蒋介石の軍隊による中国大陸攻撃を策動した。毛沢東は核兵器の威力を知っているにもかかわらず、動揺することはなかった。米国によって核兵器が使用された直後、毛沢東は一九四五年八月一三日に発表した「抗日戦争勝利後の時局と我々の方針」の中で核兵器について直接論じ、原子爆弾を所持するだけで人民の闘争が存在しない状況では戦争を終わらせることはできないと指摘している。単純な軍事的観点、群衆から離れた官僚主義や個人主義、また唯武器論のどれも核抑止下において出てきた思想上の変質ということができる。毛沢東は核恐怖症を患う同志たちについて、原子爆弾による戦争解決は不可能だと断言する英国の貴族マウントバッテン伯爵にも劣ると批評している。[55] また一九四六年八月に米国人記者アンナ・ルイス・ストロングの取材を受けた際には、原子爆弾は「ハリコの虎」だという有名な定理を提出している。[56] 毛沢東はもちろん原子爆弾が凄まじい殺傷能力を持つ兵器であることを理解していたが、戦争の勝利を決定づけるのは人民であると最後まで信じていた。所謂「原子爆弾はハリコの虎」とは事実判断のことではなく、政治的決断のことである。核抑止という条件の下に中国が朝鮮戦争における米国との勝負を避けていたとしたら、中国人民が屈辱を受ける歴史はすでに過去のものとなったと宣言し、また東方における十月革命、ソ連及び中華人民共和国等の人民民主国家の成立によって帝国主義が勝手に振舞える時代はすでに過去のものとなったと宣言しても、それは阿Qのような大言壮語に過ぎなかったということになる。もし中国が米国の侵入に対し有効に抵抗できていなければ、中華人民共和国成立の全ての歴史的意味が書き直

（54）「極東軍司令官（マッカーサー）から米陸軍部宛」、FRUS, 1950. Korea. Vol. VII, pp. 1630–1633を参照。
（55）『毛沢東選集』第四巻、人民出版社、一九六八年、一〇三二頁。
（56）『毛沢東選集』第四巻、人民出版社、一九六八年、一〇九〇頁。

されなければならず、東方世界の出現によって形成された世界構造でさえ書き直されなければいけなくなる。毛沢東の宣言には退くことのできない政治的性質が具わっている。

それでは戦争の勝敗を決するのは人間なのか、それとも武器なのか。この問題は人民戦争と帝国主義戦争の相違を考える上で鍵となる命題の一つである。米国はなぜ核兵器使用の計画をすぐに棚上げし、一転して朝鮮戦争における勝利を最終的な目標としない方針を認め、和平交渉への道を開いたのか？これについては大量の公文書を調べて論証することができるが、毛沢東がグローバルな政治及び軍事情勢に対する分析に拠って正確な軍事上の判断を下したこと、そして戦争の勝敗を決するのは人であり物ではないという人民戦争の論理が核抑止を梃子とした冷戦の論理に勝ったことを否定することはできない。人間の力に依拠する人民戦争の基本原理とは、人民の日常生活の動員を基礎とした上で、柔軟な戦略戦術及び強靭な戦闘意志によって敵を打ち破る。人間の力量を重視することは決して兵器の重要性を否定することではない。毛沢東は戦争初期に空軍出動及び武器装備、また技術面での支援をソ連に要請しており、また中国人民解放軍の現代化をとても重視したが、戦争過程及びその政治的性質に関する判断を変えることはなかった。毛沢東が一九五〇年に解放軍に文化を学ぶよう呼びかけることで、軍隊編成の正規化の歩調は明らかに加速したが、ゲリラ戦ではなく流動的進攻作戦及び陣地戦を主な戦法とする軍事思想や軍隊の正規化のどれも武器ではなく人間を中心とする人民戦争の理念を変えなかったのである。

朝鮮戦争は新中国軍にとって初の国外戦であり、人類史上においては核条件下における初の大規模戦争であり、また新中国成立後における初の国防戦争でもあった。これら三つの特性は次の問題につながる。これらの条件が揃った後に発生した戦争とは人民戦争なのか、それとも人民戦争ではないのか？毛沢東は朝鮮出兵の際、戦争の勝敗が武器でなく人間で決まるという人民戦争の論理は核兵器の出現によっても揺らぐことはないと確信していると表明している。武器は戦争の重要な要素であるが、決定的要素ではない。戦争の決定的要素とは物でなく人に基づいており、戦争の勝敗とは双方の軍事、政治、経済また自然上の様々な客観的条件だけによって決まるのではなく、当事者双方の能力、意志、戦略また戦術等の主観的要素もまた戦争勝敗の根本的要因となり得るのである。毛沢東は「中国革命戦争の戦略問題」において、「軍事戦略家は物質的に可能な条件範囲を超越して戦争に勝利することはできないが、物質条件が許す範囲内で戦争に勝利することはできる」と述べている[57]。これはつまり戦争における能動性の問題である。毛沢東によれば、自覚的な能動性とは人類の特色であり、人類は戦争においてこうした特色を強烈に表現する。よって戦争の勝敗は双方の政治経済の地位、戦争の性質、国際援助等の条件によって決まるが、これらは勝敗の可能性に関係しているだけで、勝敗の是非を決めるものではないとしている[58]。能動的かつ主観的な政治とは中国革命政治の特色である。朝鮮戦争は革命時代の群衆路線を新中国という条件下における全面的な社会動員に転化させることで、政治的な能動性を示した。天津の民族資本家が朝鮮戦争を支持したことを受け、毛沢東は大変喜び安堵している。もし民族資産階級が全員動員され戦争を支持するならば、それは中国人民がすでに十分動員され、人民戦争と統一戦線の

（57）『毛沢東選集』第一巻、人民出版社、一九六八年、一六六頁を参照。
（58）毛沢東「論持久戦」、『毛沢東選集』第二巻、一九六八年、四四五頁。

論理が完全に異なる条件下において再び重なったことを意味する。国際同盟や越境戦争を通じて、新中国は国内革命の統一戦線の論理を有効に国際戦争に応用したのである。一九五一年に開城談判が決裂した後、米軍は優勢な空軍を用い所謂「オペレーション・ストラングル」を展開したが、新中国の全国民の支持と中国軍隊の全面的な動員を受けた義勇兵は極めて困難な条件下において破壊不可能な後方支援補給戦を形成した。

戦争とは政治の延長であり、人民戦争とは政治の最高形式である。朝鮮戦争は政治の戦争であり、単なる技術の戦争ではない。戦争における高度な政治性こそが人民戦争の特色なのである。毛沢東は一九三六年、「中国革命戦争の戦略問題」において次のように指摘している。戦争とは「階級と階級、民族と民族、国家と国家、政治集団と政治集団の間」で行われる闘争の最高形式のことである。[59] 戦争及びそれに関係する条件を理解しないならば、これらの特殊な状況や性質がわからず、その特殊な法則がわからないと、革命戦争を指導することもできないし、革命戦争で勝つこともできない。[60] 武装闘争は群衆路線や統一路線、根拠地建設などの政治プロセスと歩調を合わせなければならず、これがつまり戦争の政治性の体現そのものである。戦争が政治的なものであり、戦争の決定的要素とは人間であるため、戦争は正義と非正義に区分される。帝国主義による世界分割の戦争には正義が存在せず、帝国主義の覇権及びその被抑圧民族を分割する戦争への反対には正義が存在する。要するにこうした判断は正義戦争の概念に基づいている。抗日戦争と朝鮮戦争は形態が異なるが、いずれも帝国主義による世界分割や覇権的世界情勢への抵抗である。武装革命を以って武装した反革命を撃退するのが中国革命の特色であり、国境を越えた抵抗戦争の形式で帝国主義の戦争に抵抗することは、新中国成立初期の平和防衛のために取った軍事的な政治手段（または政治的軍事手段）の一つである。

また朝鮮戦争とは、国内革命戦争や民族解放戦争といった人民戦争とは異なる正義戦争でもある。正義戦争という範疇には二種類の判断が含まれる。一つは平和を目標とするもの、もう一つは一般的な平和主義の超越を主張するもの、つまり戦争によって平和を促すものである。毛沢東は朝鮮戦争を背景に「持久戦を論ず」にて論じた平和と戦争の弁証法を再び取り上げ、核抑止によって形成された戦略均衡では平和は実現できないと指摘した。正義戦争の概念は帝国主義戦争の終結を訴える論理と密接に関係している。革命戦争及び正義戦争の最終目標とは永久の平和であるが、戦争及び平和の目標は敵の軍隊に有効な打撃を加える戦力と関連しなければいけない。第二次世界大戦以降、米国は核兵器だけでなく、世界で再先端の航空機、軍艦、戦車及び大砲など様々な軽重武器を装備した強大な陸海空軍を保有している上、ヨーロッパとアジアでの戦火を経験したばかりで戦闘経験が豊富であった。米軍は朝鮮戦争において第一陸戦師団及び第一騎兵師団などの精鋭部隊を出動させただけでなく、制空権及び制海権を完全に確保していた。しかし驚くべきことに、重武器を十分に発揮できないゲリラ戦ではなく、流動的進攻作戦や陣地戦で対峙するという大兵団の戦闘に有利な条件においてですら米軍は勝利できなかった。こうした軍事上の失敗が慌しい戦争初期に止まっていたのなら、言い訳の理由もいくつか見つかったかもしれない。仮に戦争の中期或いは後期であろうと、米軍は義勇兵の後方支援を苦しめ兵站を断ち切る

（59）『毛沢東選集』第一巻、一九六八年、一五五頁。
（60）『毛沢東選集』第一巻、一九六八年、一五五頁。

ことで軍を立て直し、限定的な反撃を加えることができたが、全体的な退勢を覆すことはできなかった。こうした軍事上における失敗を通して、米軍の将校たちは中国軍部隊の死をも恐れぬ勇気と優れた戦術に敬意を表さざるを得なくなった。中国はもう過去の中国ではなく、中国軍部隊はもはや過去の中国軍部隊でなかったのである。第二次世界大戦以降、米国の中国に対する認識は朝鮮戦争の失敗によって全面的に改められるようになった。あのような高所に居座り、人に指図するような学術的態度は比較的慎重に調整される必要があったのだろう。米国にとって朝鮮戦争と「ベトナム戦争」は軍事面と政治面における二重の意味での失敗であった。米国で「ベトナム戦争」の政治的失敗はより明確に意識されているが、その失敗は根本的に朝鮮戦争の失敗と関係している。

戦争と平和は相互転化が可能であると同時に、両者の間には弁証的関係が存在し、主なものは戦争の政治性によって決定される。また戦争における政治性とは敵対関係の確立及び転換においても体現される。戦争は敵との間に明確な境界線を前提とし、常に自己の保存と敵の消滅のために展開される。しかし戦争は政治の一種の形式であるため、政治範疇としての敵対関係は歴史条件の変動によって変化する。仮に戦場における敵対関係が他の条件下において非敵対関係に転ずる場合、敵は敵でなくなり、盟友に転じる可能性も生じる。敵対的矛盾は非敵対的矛盾となり、また闘争しながらも団結する関係に転化する。抗日戦争において民族的矛盾が主な矛盾にまで高まるにつれ、労働者階級と農民階級、そして民族資産階級と地主階級の間における敵対関係が闘争しつつも徐々に団結するという二次的な矛盾に変化し、広範な民族統一戦線がこの矛盾の転化の内部において成立した。戦争とは政治における形式であり、また新しい政治のために切り開かれた道でもある。矛盾とその転化を理解せずして、新しい政治が展開される前提を理解することはできない。

結論に非ず：停戦体制、脱政治化という条件下における戦争

朝鮮戦争の休戦から六〇年後の今も、半島にて休戦体制は依然として続いている。北朝鮮は孤立状態にあり、核抑止は結果として朝鮮半島の核保有を促したが、朝鮮半島の核問題とは米国による朝鮮半島への介入によって始まったことを決して忘れてはいけない。米国の所謂「アジア回帰」（一体いつ離れたことがあるというのか？）政策が進むにつれ、朝鮮半島の情勢は更に緊張し、中国と日本、韓国と日本、中国と東南アジア諸国、北朝鮮と韓国の間で矛盾と衝突は一層激しくなる傾向にある。矛盾と衝突の度合いに関しては、現在が過去よりも危険であるとは言い難い。しかし現在において戦争の正義性と非正義性における明確な区別は日増しにあいまいとなっており、第三世界の弱小民族が団結したバンドン会議はすでに歴史的遺産と化し、覇権体制に挑戦できる解放運動及び抵抗運動は早くも雲散している。覇権と抑圧の構造はどこでも見られるが、この構造を変革する能動的なエネルギーを発見することは容易ではない。では一体どこから政治的なエネルギー、また正義の尺度を生み出すのか？　また冷戦構造を超えた新しい国際主義をどこに見出すのか？　筆者が朝鮮戦争を二〇世紀史のプロセスに位置づけて考察するようになったのも、全てこうした問題意識によるものである。

毛沢東は「持久戦を論ず」にて戦争とは政治の最高形式であることを論証しているが、政治範疇としての人民戦争が最も深くこの命題を体現していると言える。しかし二〇世紀が終結するに従ってこの命題は次のように訂正される。つまり現在の条件下において、戦争は政治の最高形式というよりも、政治

の失敗もしくは消失による結果としてみなされているということである。帝国主義が意味するものとは、戦争という命題は依然として正しいが、戦争によって引き起こされる革命はもはや現実的ではないということである。我々の時代において繰り返されるのは脱政治化された戦争形式であり、それは人間の決定的作用を体現できないばかりか、正義と非正義の区分をも不可能にする。こうして異なる国家そして集団の運動において、一九六〇年代における西洋社会の反戦運動と他地域の民族解放運動の間におけるように心の通い合った有力なサポート関係は困難なのである。こうした状況においてこそ朝鮮戦争の意義を振り返らなければならないのである。核抑止が現実化した後、抗米援朝戦争もその後のベトナム戦争もジョージ・オーウェルが構想したような冷戦とはならずに、熱戦の形式で平和を勝ち取るために戦う政治プロセスが展開された。早期の人民戦争と比べ技術は朝鮮戦争において未曾有の役割を発揮したが、戦争中における意志、戦争目標、指揮官の戦略戦術及び適応能力、戦闘員の士気、理念そして戦術レベルが依然として勝敗の鍵を握っていたのである。ここで言う「人の役割」とは戦場における闘争だけでなく、次から次へと沸き起こる民族解放運動及び欧米内部で出現した反戦運動も指す。また国連内外における様々な外交闘争の一つ一つがこの広大な政治プロセスによって米国の戦争を袋小路に追いやり、この覇権国家をして軍事と政治という二つの戦線において同時に失敗せしめるに至ったのである。

　では現在こうした問題を再び取り上げることには、どんな意味があるのか？　帝国主義はベトナム戦争以降も、フォークランド戦争、ユーゴスラビア紛争、二回にわたるイラク戦争、アフガニスタン戦争、リビア戦争そしてもう後には引けないシリア戦争など一連の侵略戦争を発動してきた。しかしこれらの戦争は二〇世紀の人民戦争に類似した抵抗運動や社会革命を生み出していない。今日の戦争は性質において明らかに変化し、進んだ武器がなければ戦争に勝利することはできなくなってしまった。大国が自国の利益をめぐり覇権のギャンブルを行う以外、こうした武装闘争、大衆路線、統一戦線そして文化政治が相互に結合した深く且つ広い政治プロセスはもう存在しない。これは人民戦争の基本原則と戦争の政治的性質が徐々に消えていくことを意味するのか？　この問いには異なる回答が存在するが、筆者の答えは次のようなものである。つまり、戦争の性質が新型兵器の出現で変わったのではなく、政治的条件に変化が生じたことで人民戦争の論理が主導的地位を失ったということである。戦争における人の役割とは、人間と兵器の対比関係において現れるだけでなく、政治と非政治の区分においても展開される。つまるところ、戦争における人の要素とはつまり戦争の政治性のことである。

軍事領域においては、人民戦争及び人間を決定的要素とすることへの否定は軍事技術の崇拝とともに脱政治化の理論背景を構成した。筆者が著書『脱政治化の政治』で論じたように、脱政治化のプロセスは戦争と軍事の範疇をはるかに超えており、「政党の国家化、政府の企業化、メディアの政党化、政客のメディア化」などの複雑な現象は正にこうした過程の表象である。こうした構造を変えるため、人々は二〇世紀の歴史的遺産から教訓を汲み取ろうとしてきた。政治と理論の領域では、大衆路線を再び問題にすることが試みの一つとなっていた。しかし二〇世紀と完全に異なる文脈において、人民戦争の産物としての大衆路線を再び取り上げることの正確な意義とは何なのか？　形成過程にある政治主体という意味で、大衆の誕生とは新たな政治形式の誕生を意味している。群衆路線に再び注目することは、ある時期の歴史への回帰というより、可能であると同時に不確定な未来の探索に近く、これは次の問題と不可避的に密接に関わることになる。我々は一体どのような政治エネルギーを創造し、どのような政治主体を鍛造し、またどのような政治的未来を目指す必要があるのか？

上記の議論はすでに朝鮮戦争の文脈から離れているが、この戦争をめぐり展開された現在の論争を理解する際には意味がある。一つの命題を再び述べてみよう。抗美援朝戦争及びその後に展開された抗美援越戦争は二〇世紀中国の人民戦争の延長であると同時に、その終結でもある。平和の模索に関して、我々はすでにポスト人民戦争的であると同時に脱政治化的な時代の文脈の中にいる。こうした新しい歴史の時代において帝国主義戦争を抑制すると同時に朝鮮半島と海峡両岸の分離体制を打破し、東アジア地域内における国際的な衝突を緩和することが可能な条件とはどこにあるのか？　人民戦争とは一つの政治範疇であると同時に、政治エネルギーを生み出すことができるプロセスでもある。ソ連の解体と東側ブロックの崩壊は多くの者を喜ばせたが、同時にイラク戦争やリビア戦争といった世界に全く憚ることのない米国の覇権時代の到来をもたらした。また二〇世紀中国の政治刷新に関しては、多くの人が惜しみもなくその可能性を放棄している。しかし現在の中国が一九四九年のように前例なき未来に向かう政治プロセスを代表するのかどうかはすでに自明の問題ではなくなっている。現在は人民戦争だけでなく、正義の戦争も存在しない。したがって戦争とは政治の終結を意味し、もはや政治の延長ではないのである。

この意味において二〇世紀は終結し、新たな政治化が新時代の課題となっている。

＊発表前にまたいくつか訂正を加えたが、原稿はすでに植字に回っており発表原稿には間に合わなかった。本文をもって決定稿とする。

二〇一三年六月から八月にかけ執筆、一〇月に定稿

第三章

現代中国史の巨大な変化の中の台湾問題

二〇一四年台湾「ひまわり運動」を切り口として(1)

丸川哲史　訳

台湾政治の複雑な変化――政治リーダーの様態から社会運動の様態まで――その変化はまるで雲が凝縮してはすぐ散る様子にも、また水面にうごめく複雑な波紋にもなぞらえられ得るほどだ。ただそれらは実に、多く見過ぎた光景でもあって、時には麻痺してしまうほどである。二〇一四年の台湾の「ひまわり運動」は、以前の運動との関係性もありそうだが、また異なったところもある。若者世代の態度として、上の世代の思考と対立するところもあり、新たな時代がまさに到来しつつあるかのようである。ただし事実上、現代台湾の問題は大陸自身の変化や発展とも切り離せないものである。つまり、両岸関係（大陸中国と台湾）とは、単に大陸があって台湾があるというのでなく、二つの内部の状況にお互いが影響し合い、構造化した結果をも指すのである。台湾から見ると、大陸中国のどの時期の変化にしても、いつも島内において様々な程度ではあれ、政治的な影響が現れることになる。逆もまた真なりであるが、ただ程度は違っている。複雑なのは、現在の台湾問題と両岸問題は、単に台湾や両岸にかかわるだけではない、ということである。すなわち、それらの問題は、資本主義世界システムのモデルチェンジの最中の「中心」と「周辺」が再構造化され、またユーラシア経済の中心が東へと移動する中での、陸地と海洋の複雑な変遷の中に位置づけられねばならない、ということである。

一　両岸政治関係における危機と統一派の衰退

台湾の反サービス貿易運動は二つの重要な問題を明るみにした。一つ目は両岸関係のチャンネル、つまり国共両党関係が厳しく批判されたということ。二つ目には台湾の統一派が重要な政治的勢力としては衰退していたことが判明した。この二つはともに、突発的に起こったことではなく、大陸における「脱政治化の政治」と「代表性の断裂」と相関するものである。現代中国の政治危機の核心にあるのは、政治制度の代表性にずっと問題が生じていたことに存する。表面的に見れば、このことは台湾とは無関係に見えるかもしれないが、実は密接な関係がある。それでは、幾つかの観点からこのことを分析してみよう。

1　「中国」の意味の変化

冷戦時代のこと、毛沢東は「われわれは必ず台湾を解放する」と言っていた。また蔣介石も「われわれは大陸へ向け反攻するのだ」と言っていた。一方では社会主義と民族解放、もう一方では三民主義民族統一、ということだった。「中国」は一つの争われるべき政治カテゴリーとしてあるということは、双方にとって明確であった。また国際的にもそうであった。左翼側は大陸が台湾を解放することを支持

（1）説明：本論文は汪暉が二〇一四年六月末に、台湾の友人と談話した記録をもとにして作成したものである。作者はこの形で公表する前に、この談話草稿に手を加えていることを申し述べておく。

し、米国とその同盟国は台湾を支持していた。しかし戦略上、米国は防衛協定を一つの枠組みとして、台湾が大陸に反攻することを制限していた。朝鮮戦争の期間、米国は台湾に出兵させようと考えており、蒋介石も準備していた。しかし最終的に、中国大陸側が台湾を「解放」する反撃を予想し、台湾からの出兵は放棄されたのだ。このように、両岸双方が「中国」の「正統性」を争うということが明確に意識されていたし、米国も両岸の「接近」（武力の意味でも和解の意味でも）することをずっと抑えつけていた。だが現在は状況が違っている。大陸中国において「台湾解放」のスローガンは既に降ろされ、台湾側も「大陸回復」を言わなくなっているなど、両方とも「中国」を争わなくなっている。「中国」は政治的カテゴリーであったのに、地理的カテゴリーへと退化してしまったと言える。台湾は争わない、このスローガンは既に「台湾へ移った中華民国」、「台湾にある中華民国」からさらには「中華民国とは台湾だ」へと変化しており、「中国」を政治的空間とすること、政治アイデンティティの根拠とすることは既に争うものではなくなった。大陸中国の角度から言うと、この政治的変化とは、中国自身の政治が重大な変化を遂げた結果として出てきたものである。大ざっぱに言うと、この問題は、社会主義実践の失敗にその根源があるということ、つまり社会主義運動によって政治的アイデンティティの問題を解決しようとした努力の失敗、ということになる。この問題において、もし社会主義運動がずっと存在していたならば、両岸がまた依然として政治的統一を達成していなかったとしても、現在の台湾における「危機」は生じていなかっただろうし、両岸問題は少なくとも「中国」を争うオルタナティブなカテゴリーを中心とした問題であったはずだ。

大陸中国内部からすると、社会主義政治運動が依って立つものとは、つまり解放の理念であった。こでの解放とは、労働者、工農同盟、統一戦線など、民族解放にかかわる一連の政治枠組みにより実現されるものである。だから中国におけるいわゆる「代表性の断裂」とは、まず第一に労働者階級の政治の衰退、労働者国家の衰退、すなわち一九〜二〇世紀的な意味での社会主義国家がなくなったことを指す。また第二に、ヘゲモニックな階級たる労働者階級の衰退と工農同盟の決定的な瓦解、つまりこの二つのカテゴリーがなくなったということ。それはまた労働者階級が工農同盟を領導する基礎の上での広範な統一戦線が形成する「人民」というカテゴリー、これの不在にも繋がっている。こういった意味合いにおいて、民族解放という事業の展開がそのメリットを失ったのである。階級カテゴリーが無くなったこと、それが隠然として意味するのは、少数民族が被圧迫民族概念になってしまい、エスニック、エスニシティといったカテゴリーに転化してしまったこと、またエスニシティを中心とした民族カテゴリー、それへの同一化だけが民族アイデンティティに関連して作動してしまうという事態である。国際的観点から見ると、社会主義中国の国際的代表性は中国と第三世界による反対同盟によって表現されていた。つまり、第三世界と第二世界との統一戦線、また第一世界との競争など。まさにこのような遺産によって、中国とアジア・アフリカ・ラテンアメリカ（特にアフリカとラテンアメリカ）はグローバル化する条件の下で新たな契機を獲得しつつあるのだが、これはまさに現代世界の状況に影響を与える大きな出来事となっている。疑いなく、このような関係はまさに深い再構造化のプロセスの中にある。資本輸出、商品輸出、資源貿易を中心とするトランスナショナルな流動状況がかつてのインターナショナリズムに取って代わり、中国と第三世界国家間においてさらに実質的部分を占めようとしている。今日、バンドン会議精神を再提起することは、実に適切な時期かもしれない——再提起するのは五〇年代〜六〇年代に戻るということではなく、二一世紀のインターナショナリズムの可能性を探るという意味においてである。

総じて、こういったことがみな変化しまったのだ。言い換えると、元々の政治実践のあらゆる次元というもの、階級同盟から、人民、民族、国際主義、すべてが変った——政治実践の転換によって、前述した政治実践と関連する政治構造と政治カテゴリーもまた瓦解した。いわゆる「台湾解放」とは元々、政治構造の中で前述の政治カテゴリーの上に打ち立てられるべきものであった。今日の大陸からすると、台湾問題は当然重大なことであるのだが、しかし大部分の人はただ主権問題の上でしか理解しなくなっている。その問題を、前述した政治問題から派生したものとは認識しなくなったのである。統一問題が一旦、エスニシティの問題に貶められ、あるいはまたエスニック民族主義やその主権の問題に矮小化されるなら、その本当の意味での重要さは失われてしまう。台湾問題が日に日に色あせていく旧い主権概念だけで包まれてあるなら、その政治的意味合いは失われたことになる。

中国内部の求心力の低下は、かなりの程度、前述の転換と相互関係にある。中国のエリートと大衆のある部分的な動きとして、中国の政治体制や社会主義体制への懐疑と拒絶があり、おそらくその政治的表現としては自由主義立憲制を主張し、また民族問題に関しては求心力を失わせるエスニシティの矛盾を言い表すだろう。台湾の「独台」〔大陸といっしょではない状態を志向〕と「台独」〔台湾の名を冠した国としての独立を志向〕はいずれも分離主義であるのだが、この原因となっているのは二〇世紀の「国家は独立、民族は解放され、人民は革命を欲する」といった三位一体の政治潮流が遠のき、反帝反植民地の歴史的文脈から切り離され、いわゆる「独立」というカテゴリーが明確に出来なくなったからであろう。分離主義の重心は、「台独」から「独台」へと変化しているが、それは政治的分離から現状承認への変化であっては、「独立」という命題は実質上その意義を失っている。台湾問題とは一体、どんな問題であるのか？　大陸中国は四〇年代末から五〇年代に始まった台湾を解放する動力を既に失っている——この動力とは、中国革命の持続のプロセスから生み出されたものであるが、このプロセスは既に失われ、また動力も失われた。一方で台湾の状況とは、つまり少数の人々を除いて、もはや統一派は存在しないということである。

2　統一派の衰退

「統一派」、そして「台独」、「独台」など通俗的な話法には、多く感情的かつイデオロギー的内容が含まれており、また一定の価値判断が予測されるわけだが、われわれはそこに踏み込んで分析する必要がある。一方この概念を用いずに、括弧をはずして分析的なカテゴリーを作り出すことに、実はみな慣れていない状態である。われわれはしばらく、やはりこの解釈のために括弧付きでそれらを使うしかない。台湾において「統一派」という概念は「独立派」との闘いの中で形成されたものであるが、その歴史的基礎は広く深い。一八九五年に日本の植民地となってから一九四五年の光復（復帰）まで、民族解放への模索はやむところがなかった。また冷戦時代の両岸の分裂にともなって、両岸において統一への模索がもたらされ、さらにポスト冷戦期、この模索のあり様が武力解放／光復（平和統一を排除しない）が主要であったところから、平和統一（武力統一も排除しない）に変ったことは重要な展開であった。そういうわけで、われわれは「統一派」について広義の意味と狭義の意味を区分することができよう。狭義の意味において、いわゆる「統一派」は、二〇世紀に中国が帝国主義と植民地統治に反対し、中華民族の解放を求める支流と位置づけられる。島内における政治状況においてその勢力は弱いけれども、両岸と世界の各地からの中国民族の独立と解放を支持する人々と気脈を通じている。この意味において、「統一派」は複雑な側面もありつつ、二〇世紀世界の民族民主運動の有機的部分と見做すことができよう。われわれは、現在知られているように、「統一派」の衰退は現在の政治状況におけるある党派勢力の衰退とは見做せない。むしろある全体的な巨大な状況変化の徴候と見るべきである。まさにそういうわけで、もしも「統一派」が台湾政治の政治的スペクトルの中で消滅してしまったら、両岸は二〇世紀中国の基礎の上で、両岸の社会内部に起源を持つ、統一統合へと向かう相互的なプロセスを作り出す力を失うことになるだろう。

台湾の「統一派」の衰退は一つの長期的なプロセスである。こういうのは、今日統一を支持する人がいなくなったということではなく、それらの人々の活動が孤立したものとなった、ということである。まず言えるのは、一般的な政治コンセンサスがある政治的党派性に局限されたということである。現在のところ、一つの党派性をもっていたとしても、台湾の政治状況の中で大きな勢力とはならない、ということである。台湾問題の核心は、「独立派」＝分離派ではなく、核心にあるのは反共統一派というものがないということ、また共産党を支持する政治的な力を持った統一派（初期の左派の系譜にある少数の勢力、たとえば労働党は終始祖国統一を掲げているが、台湾の政治スペクトルの中ではずっと辺境の位置にしかない）も存在しないということである。政治の中心領域にあるのは、統独に名を借りて競い合っている藍色陣営（国民党や親民党など）の「独台派」と緑色陣営（民進党や台湾団結連盟など）の「台独派」である。「統一派」

の凋落は実のところ一つのメルクマールであり、それは二〇世紀中国革命と民族解放運動の中で生まれた民族意識が徐々に政治的力を失ったことを指し示す。そこで、唯一の繋がりはいわゆる「文化」的なものとなる。文化が結局のところどのような意味合いにおいて政治的にアイデンティティとなるのかははっきりしていない――これは多くの分離の立場を採る人々も既に言っていたことである。いかにして、古代からの優秀な伝統と現代中国人の生存のために奮闘した文化が結合し得るのか――大陸中国でもはっきりしていない。こういったことが、両岸の言説文化の形式にも影響している。

一九九二年、民進党が党外運動から政党運動へと移行していた時期、その時点において、彼らは台湾留学生の中では少数派であった。その年、私は初めてハーバードを訪問していたが、ちょうどそこで呂秀蓮〔後の民進党政権の副総統〕が講演をしていた。台湾の留学生が彼女に「あなたは台独を目指していますが、自分のことを中国人と思っているのですか」と問うた時、彼女の答えは「民族的な意味では中国人だが、政治的には台湾人だ」と述べたという、つまりエスニシティと政治を分離して語っていた。その時彼女は文化を持ち出さなかったのである。今日、多くの人々が語っている中華文化と、かつて統一を支持していた人が語っていた中国は別ものとなっている。「統一派」の衰退と「独台」の主流化にともなって、新たな勢力は「独台」を前提に中国文化を語っている。ただそれは自然なことでもある。台湾の歴史、地縁と文化伝統からして、中国文化を除外するなら、台湾内部のアイデンティティの危機も解決し得ない。そういうわけで、独台の枠組み、すなわち現状維持の枠組みにおいて、中華文化の合法性を承認しているわけだが、それと統一――「文化統一」も含む――は何の関係もない、ということになっている。興味深いのは、台湾の「統一派」が衰退している際に「独台」の中で新たな組み換えが進行していたことである。原理主義的な「台独」の主張は台湾社会の内部で常に批判され、批難されるようになったのだが、そこにおいて別種の幻想も現れた。つまり、「台独原理主義」に反対する者について「統一派」と見做すことになった。知識領域においてこそ、このような現象は激しくなっていた。すなわち、ごく少数――「独立派」の知識人も含めて――だけが自身を「原理主義」と言い始めた。これはただ、「台独」の理念が既に中心的な位置を占めたことの結果に過ぎないものである。このような政治理念の配置において、「統」の位置は既にないのである。

何が「統」なのか、あるいは「統一」また「統合」なのか。「統」は哲学的には「一と多」の関係となるのであり、また政治的な文脈では、「統一」と制度的多様性というものがセットになる。「一」は「多」を含むものである。「一」は「多」が相互に形成されゆく際の状態であり、だから「一」とは関係状態を示すものとなる。それがいわゆる「多元一体」、「一体多元」なのであり、別の言い方では「システムを越えた社会」、「社会を越えたシステム」もまた、異なった形式と意味によって一と多の関係を表現したものである。歴史的にも、また現代中国においても、制度的多様性にかかわる実験はずっとなされてきた。しかし両岸関係からすると、いわゆる「統一派」は、内部に差異がどれだけあったとしても、均しく一つの中国という原則での両岸関係の解決を求めており、「一」によって内在的に「多」を表すのであり、「一」は必然的に多重性を含むことになる。しかしこの種の「多」は「分」に向かうものではなく、むしろ交流と対話の基礎なのだ。「統一派」の衰退といっても、両岸において、民間、歴史、親戚、地縁など、血肉の関係が欠如しているわけではなく、ただそういった関係がこれを推進する政治的力へとレベルが引き上げられず、大衆政治の指導権を失っているのである。

またある者はこう問うだろう。「「統一派」がなくたってどうってことないでしょ」と。私はこう答える。「まず「統一派」の成立は「独立派」潮流に対する反応であり、その凋落はただ社会潮流が変化した、そのメルクマールに過ぎないものである。また「統一派」の衰退はイコール消滅とはいえない。むしろ長期における上がったり下がったりする盛衰のプロセスにおける一つの段階に過ぎない」と。目下の段階において、日常生活中の歴史や感情の連関が人為的に抑圧され政治的に歪曲されたので、台湾島内に本物の社会連帯が形成され難く、社会的亀裂と感情のトラウマがずっと存在することとなった。つまり、「二」がなければ、いわゆる「多」も共同のチャンネルを失って孤立し、疎外され、隔絶された境地に陥る。そのように、両岸関係もコミュニケーションの回路が欠けているので、この地域の覇権構造を変革する共同の力が持てていない。両岸関係が宙づりになっている中で台湾アイデンティティについて語るなら、台湾内部とこの地域内部の亀裂が議論の対象となる。言い換えるとこうなるだろう。「統一派」の衰退は両岸問題において、直面しなければならない根本問題であり、また台湾内部の政治危機の一部分であり、そしてまたアジア地域において冷戦とポスト冷戦状況を変革する際のキーポイントなのである。中共は、台湾の政治家たる連戦や宋楚瑜といった国民党系統の二人の代表的人物と協力した。彼らは徐々に政治の舞台から降りていく世代であったが、まだ内戦と冷戦時代の印もあった（つまり「右統」という印である）。さらに改革時代、彼らが両岸交流の新たな役回りを演じ、仲介役となったのは極めて自然でもあった。しかし、彼らが「統」の象徴としてあっても、実際中身は空っぽである。なぜなら、彼らは日米支配構造に慣れ親しんだ者たちで、若い世代にはほとんど影響力を持たなかった。旧来のゲームは既に終わりに近づいていたのだ。両岸関係と台湾内部の関係は、まさに「統一派」の消失あるいは「独台」が主流になることで産み出された困難の中にある。

台湾島内で、比較的こういった点に自覚的であるのは辜振甫〔日本統治を受け入れた台湾名家の子孫で日本留学組、戦後は国民政府に尽くす〕とその周辺の人物たちである――彼らの複雑な歴史背景には触れないが、一つのエピソードを紹介しよう。李登輝の「両国論」がぶち上げられた一九九九年、私は辜公亮ファンドが作った『厳復著作集』出版にちなんで開催されたシンポジウムに参加しようと準備していた。その時、私は中国社会科学院に所属していて、台湾に入るための申請手続きの複雑さに当惑していた。台湾側招待者からの電話があり、私のために調停する用意があるとのことであった。受話器を置いてから一時間後、〔大陸側の〕国務院台湾事務弁公室から電話があり、直接台湾入境証を取りに来るように、ということであった。台湾に着いてから、辜振甫の秘書が空港まで迎えにきて、彼らが直通電話を用いているることが分かった。秘書が私に説明したのは、辜先生という人物の使命が完成しつつあるのだが、これ以上は無理だ、と。私はどういう意味ですか、と聞いたところ、彼は以下のように答えた。一九九六〜一九九七年の両岸ミサイル危機の後、辜振甫は一九九八年一〇月に上海と北京に赴いた。一〇月一五日に上海の新錦江飯店の白玉蘭ホールで、両岸の代表者、汪〔汪道涵、大陸側代表〕と辜が「アットホーム」な雰囲気の中で会談し、四点に渡る協定項目を結ぶことになった〔1、双方が包括的な、政治経済などの各方面の台湾を始め、責任者を出して協議を進める。2、さらに双方の間の交流を促進し、双方の責任者も含み数度の相互訪問を行う。3、両岸同胞の生命財産安全にかかわっては、双方は協力を深め、相互に委託し合う。4、辜振甫先生は汪道涵会長の台湾訪問を招待する〕。談判は実際に非常に困難なプロセスを歩んでいだ。汪道涵は宴会の席で、「両岸の政治交渉を推進することは、現段階において全面的に両岸関係を推し進める鍵である」と述べた。汪道涵と辜振甫は一緒の席にいて、茶を飲みながら語らい、随行員は少し離れたところに控えていた。昼食が済み、例の四つのコンセンサスが確認され、この度の台湾海峡での軍事演習での緊張状況が解かれることとなった。しかし、辜振甫が台湾に帰った後、台湾側は四つのコンセンサスの精神に向かわず、むしろ対話を拒否し、政治交渉を宙づりにしてしまった。辜振甫の秘書が述べていたこととして、四点協議の後、辜振甫はこう述べていたという。「これからのことについて、われわれができることはやった。これ以上は無理だ。新たな顔が必要だ。人を入れ替えないと」と。

周知の通り、李登輝の後の変化〔大陸との対話拒否〕は、おそらく彼の予想を超えたものであった。実際、国民党筋の動きから見ても、彼らの国家統一綱領の完成が一九九六年前後のことであり、李登輝にとっては既に彼の「両国論」を押し出すための地ならしが出来ていたと言える。つまり、李登輝の「特殊な国と国との関係」こそ、「独台」的な理論言説であったと言えるだろう。「独台」――現状維持を承認する分離派――が主流の空気となる中、現在の台湾政治は、李登輝時代、あるいは李登輝時代が延長された影響の中にあると見てとれる。

政治領域におけるアイデンティティの危機はより早く発生しているが、それは大陸中国の変化と大いに関係がある。一九八九年の政治的激動が、台湾や香港、また全世界に与えた衝撃は決して低く見積もれるものではない。台湾の作家、陳映真が九〇年代の初めに大陸に来た時、そこで憂慮していたのは中共の変化であった。二〇世紀の政治の視野からすれば、大陸において社会主義の理念がなくなったとすれば、統一にかかわる政治的基礎も揺らぐほかない。統一は、ただの形式主権の問題ではなく、民族解放の問題なのだ。一九九七年、台湾の中央研究院での学術シンポジウムに行った時、友人の陳光興がいて、私を雑誌『台湾社会研究季刊』の会議に連れていったが、その時初めて私は自身が「大陸に属する」ことを自覚した。台湾にいた同時期、私はまた陳映真も会ったが、彼は孤独であり、「独立派」に包囲攻撃され、また若手左派からも煙たがられ、かつての賛同者もバラバラになっていた。陳映真が孤立した要因は一九八九年にある。あの時、彼は公開で大陸〔北京政府〕を擁護する文章を発表したが、この件でみな彼を攻撃する側に回ったのである。彼が大陸中国の肩を持つのは、一般でいう中華主義者だからではなく、彼の政治的姿勢から、米国の覇権と冷戦状況、そして中国の社会主義運動の歴史的位置にかかわる分析に基づいたものであった。大陸の政治家も統一に関心を持っているが、統一への理解が全く異なっているかもしれない。彼ら大陸側の統一観もまた「脱政治化」しているのだ。陳映真はこう言っていた。大陸で人民大会堂の宴会に呼ばれれだが、過去自分に政治的迫害を加えた彼ら〔国民党政権関係者〕と同じ食卓に着かされ、まるで結婚詐欺のようであった、と。事実上、大陸中国政府筋は政治経済力のある右翼の方を重視しているのである。

一九九六～一九九七年、香港中文大学を訪問した時、もうすぐ香港返還がなされようとした時だった。香港返還を主管する大陸側は徐々に中国の解放事業のために戦ってきた左派的文脈から離れ、香港の幾つかの企業のお偉方を最も重要なパートナーとするようになっていた。今日の香港の危機は、この大陸側の路線転換と相補的なものである。

時代は変化を生み、冷戦時代の敵友関係を固守するのは時宜に合ったことではない。統一戦線もかつての階級の区分にこだわってはならないし、連帯可能な力を集め、新たな政治を作り出すべきだ。しかし、区分を壊す過程がもし矛盾や変化への洞察に基礎を置かず、むしろ矛盾を覆い隠すものであった場合には、それは機会主義の罠に陥ってしまうだろう。この罠に陥ると、「歴史の終焉」論〔欧米の自由民主主義以外の道はないとする発想〕を受け入れ、新たな社会への道を閉ざすことになる。まさに陳映真が感じた孤独とは、大陸に行った際に、彼が出会った大陸作家とほとんど交流し得なかったことによる。阿城〔大陸の著名作家〕はある文章の中で、彼らがアイオワ大学の「文学者プログラム」にいた時の出来事を語っている。彼〔阿城〕の中国革命を罵倒する発言に、陳映真は本気で怒ったそうである。また何年のことであったか忘れたが、いずれにせよ九〇年代、王蒙などの文学者が青島で環境と文学の会を開いていた時、陳映真は彼の資本主義と環境の関係について、唯物論的な解釈から環境問題を理論的に分析した。すると全員から反対を受けることになった。例えば、張賢亮はその場で、「寧夏はみなが来て汚してもらう〔つまり投資してもらう〕のがよい」と言ったそうである。青島から北京に戻って、陳映真は私と会った。その時、彼はずっと感慨に耽っていた。左翼統一派の代表として、彼が示した憤怒は政治的立場の隔絶だけでない——この側面に関して、むしろ自らは「政治的立場」を持たないと信じている大陸作家や知識人の方が、実は「政治的立場」を重視し、党にさらに寄り添い、異分子との違いを明らかにしようとする。彼の憤怒には、一種の政治的軸の変動への感覚がある。陳映真の歴史の変化に対する敏感さは、大陸の同業者を遥かに超えたものであった。彼は日々軸が崩壊していくのを目撃し、大陸の同業者が一方で喜んでいる最中、彼は憂鬱な心持で自分の経験を振り返ったのである。

3　新たな文化、新たな政治、新たなわれわれ

台湾問題を考える場合、われわれは新疆問題を視野に入れてもよいだろう。抗戦の期間、作家茅盾は

杜重遠〔吉林出身の抗日活動家〕からの招請を受けて新疆に渡り、そして新疆文化学会長を務めた。当時、新疆に行ったのは彼だけではなかった。陳潭秋、毛沢民など、そこで犠牲となる一方、茅盾と趙丹は命からがら逃げることになる。当時、茅盾たちは、新文化運動の成果を多く新疆に紹介したが、ウイグルのエリートは非常に共感し、追求すべき新しい文化なのだと感じた。こういったことが、新疆における中国アイデンティティに大きな作用をもたらした。ここで言う「中国アイデンティティ」とは政治概念であり、政治とともに日常生活の範囲の価値をも含むものであり、単にエスニシティや主権を言うのではない。当時、新疆のエリートは新文化を漢人文化だとは思っておらず、新たな、真の進歩を代表する目標として、ウィグル民族がアイデンティファイすべき文化、と感じていた。茅盾たちは命の危険を省みず仕事をし、中華民族の現代的形成のプロセスに貢献したことになる。しかし、ほとんどの人がこういったことを忘れてしまっているし、中国の知識領域、文化領域の人々もこの意義を認識していない。彼らの貢献がどんなものであったのか、今ほとんど語られない。一般の漢族知識人は、彼らがそこで何をしたのか知らないのであり、ましてどういったウイグルエリートたちがこの運動に身を投じたのか、おそらくほとんど知らない。これは、漢人による運動なのではなく、一つの新たな文化運動だったのだ。新疆のカシュガル師範学院の古麗娜爾先生は議論の中で、現在の新疆と三〇年代とを対比している。現在多くの現地の若者が宗教に――かなり保守的な教派や教義もある――回帰しているということである。また、エリート層――漢族、ウイグル、その他のエリート層も含め――は、如何なる新たな価値も表現できていない、と。確かに、われわれは目下の文化環境において、各民族がお互いに連帯し推進する文化運動、また心からの普遍へのアイデンティファイ、そして新たに努力して求めるべき文化的価値が見出し難くなっている。

茅盾と周辺の人々が為した仕事は文化政治を創造することだった。では、新たな文化政治が台湾海峡の間で生まれているのか、ということが重要なのだ。もしも文化政治がないのであれば、安易に「統」か「分」かということになってしまう――お互いに抑制し合えず、何なら武力だ、ということになってしまう。ただ文化政治は、文化統一戦線とイコールではない。統一戦線とは通常、既定の目標と理念が前提としてあって、その実践の範囲を広げることである。文化政治とは実質的に、理想を作ることであり、文化統一戦線とはただその理想を実現するための手段の一つに過ぎない。文化政治が関心を持つ内容とは最終的な価値であり、文化統一戦線が注目するのは形式と戦略である。いわば両者の関係は有機的なものである。統一戦線の政策だけでは、新たな政治の目標も理念も出て来ず、舵なしで大海に出た舟のごとくとなる。そういうわけで、文化政治の目標は、政治党派としての「統一派」を作ることではなく、ある種の局面を作り出すことであり、そういった局面が両岸人民の共同の連帯感を喚起することになる。またそれによって、新しい社会的な力が形成され、固定化した社会関係（藍色／緑色、外省人／本省人、中国／台湾）の政治力を越えることが可能となるのだ。またそういった文化政治は、既成の勢力分野を確認することではなく、そういった分野そのものを改造することである。

二〇世紀、本当の社会的連帯の力とは、普遍的な解放過程を代表する新たな文化運動であった。ウイグルエリートである究其卒生が一生懸命に魯迅を翻訳したことで、魯迅はウイグル現代文化史における不朽の碑となった。われわれはこの事実から何を学べるだろうか。もし魯迅の作品が単に漢人の作品ということになったら、魯迅の文化政治は漢人の文化政治となってしまい、新たな政治を生み出せず、一九世紀の旧政治に後退してしまう。茅盾たちの新疆でやったことの例は、とても興味深い。もし彼らがただ漢人を代表するだけで進歩文化を代表しなかったとすれば、われわれはどうして魯迅がウイグル知識分子の中の文化英雄となったか、想像できなくなるだろう。文化政治を議論することは、単に政策を考えることだけでなく、真面目に中国各民族の根本的な利益の問題を考えることである。しかし、こういった政治は一体、どのように生まれるのか。最も重要なことだが、はっきりした答えがあるわけではない。

二〇世紀中国の文化政治は孤立した過程にあったのではなく、社会改造運動の有機的部分であり、またその中で軍事闘争、政治制度の刷新と土地改革も社会改造の有機的部分であった。われわれは、台湾の状況とチベット、新疆、内モンゴルなどの区域と比較をしてもよいはずだ。国民政府は新疆に対して持続的に中国化を推進していたが、それは政治的な意味でソ連への牽制を含んでいた。清代以来、ロシアの介入は新疆問題の一つであった。十月革命後、ソ連はこの区域の文化と政治に大きな影響を有していたが、それは中国革命の波と呼応する関係にあった。こういった革命の波に対して、軍閥である楊増新の時代、また盛世才の時代に抵抗が現れ、四〇年代国民党政府の時代にも抵抗があった。そんな彼らの抵抗とは中国化をもってする策略なのであった。抗日戦争期、国民党の主張は「中華民族は一つ」であった。これは反帝国主義侵略の局面ではプラスであり、重要な主張だが、外部からの侵入の問題が解決した後では、この主張がもし民族平等という新たな政治と結合しなければ、漢族中心主義の主張と見做される。すなわち、反帝反侵略の文脈において、世界覇権が存在する条件において、「中華民族は一つ」のスローガンは政治的であり、国家が独立を求め、民族が解放を求める潮流の中にあると言える。

ただ、この政治的文脈から離れ、新たな政治の要素が入って来なければ、それはすぐに脱政治的なスローガンに退化するだろう。

一九四九年の後、中共は、民族の平等を原則として民族区域自治を推進した。チベットの政治構造と宗教構造の重なりは明白であったので、チベット解放は上から下へのやり方であり、完全に外部からであった。一九五〇年、解放軍がチベットに入ったが、その時は、チベット社会の制度、経済、宗教の構造に手を触れなかった。毛沢東はダライ・ラマとパンチェン・ラマに対して「手助けする」と言ったのだが、結果的に一九五九年に危機が発生した。実際、その平定過程においてやっと農会（農業組合）が組織されたのだ。つまり事実上、自作農か農奴のみが土地改革を通じて新たな社会過程に入ったのであり、新中国へのアイデンティファイはそこでまさに打ち立てられたことになる。政治的な角度からすれば、大陸中国の土地改革は暴力性が高かった。これは二〇世紀の革命と反革命の間の闘争の特色であるが、政治的能動性を生み出す上ではプラスも多く、つまり「翻身（立ち上がる）」政治を通じて新たな政治主体が作り出され、政治アイデンティティが土地改革とともに生成していったのだ。ただ新たな政治主体が作られる際、必ず暴力がともなうとは限らない。しかし、暴力への反省によって政治が生み出した歴史を覆い隠すべきではない。こう言えばよいだろう。一九八〇年代以前、土地改革によって、中共政権は上から下への働きかけによって、下から上への運動を巻き起こした。両者が相まって、チベット社会を形作り、共産党統治の合法性が基礎づけられた。チベットの土地改革の中では、政策上の失敗もあったし幹部のレベルやそのスタイルから大変な問題ももたらされた。しかし一九八〇年代末の前まで、それらの問題があっても、チベット人の新中国への政治的アイデンティファイに動揺はなかった。

なぜ国民党は台湾において外来政権と認識されるのか。これは複雑な問題である。なぜなら、山地の部落を除いて、いわゆる台湾人もまた幾つかの時期に台湾にやって来た大陸人であるからだ。台湾語の文脈でも、大陸からの移動＝外来ということにならない。高金素梅〔映画スターから政治家となった。両親は原住民と外省人〕は本土エスニシティの方から、「外省」の人、また「外省人」と嘲られ排斥されているが、それはあら探しのようなものだ。一九四五年、日本が敗れ、陳儀が台湾行政長官として任命されてきた時、誰もそれを外来政権だとは思わなかった。一九四九年陳誠が省主席として赴任し、国民党が台湾へと撤退した時も、外来政権とは考えられていなかった。当時、日本の敗戦と祖国への復帰は、やはり主要な議論の枠組みであった。陳明忠〔かつての政治犯〕の言い方によれば、台独の第一派、それを牽引したのは林献堂〔かつての台湾議会設置運動の中心人物で後に国民党統治を嫌い、日本で客死〕たちである。彼らが代表していたのは、台湾の地主の利益であった。彼は日本統治時代の台湾の自治運動の右派であり、彼らが憂慮したのは土地改革により利益が侵害されることであった。一般的に、戦後台湾の土地改革は、比較的うまくいったと言われている。大陸での土地改革と比べ、暴力性も小さく、これはよい面であったろう。しかし、台湾の人々の自主的な参加や改革の能動性が少なく、また草の根から出てくる政治的主体性もわずかであった。台湾の土地改革には下から上へのプロセスがなく、また本当の意味での政治同意もなく、改革へのアイデンティファイの根が浅いのだ。これが、「台独」が芽生える最初の契機ではないかと思う。私の理解は不足しているし、最終的な結論は出せないのだが。

内戦、民族戦争と長期に渡る革命を経て、中国の社会動員が到達した深さは今までなかったものであったろうし、帝国史においても生じたことのないものであった。しかしこのプロセスはまだ収束せず、アイデンティファイの危機もそのままである。清朝を例にとると、清朝の初期、第一代の明朝遺民たちはまだ存在し、反抗もちらほらあった。第二代の遺民になると清王朝に入ることになり、反抗も消滅していく。そして第三代となると、アイデンティティ問題はだいたい終息し、周辺王朝も清朝を中国王朝の正統と認める公法的地位を獲得する。すなわち、三代経つと中国となるのだ。共産革命が新たなアイデンティティを形成した成果は、驚くべきことである。しかしそれが長続きできていないことも明白である。幾つかの少数民族区域において、七〇歳以上の世代は、中国へのアイデンティファイがあるが、現状を憂えている。五〇歳前後になると、苦い経験も多いが、大体において歴史を受け入れるものの、現状の改革を要求している。第三代目、つまり二〇~三〇歳の世代では宗教へのアイデンティファイが強いだけでなく、また暴力に訴える可能性も高くなっている。台湾の分離傾向は大きな政治潮流へと成長しているが、実際一九八九~一九九一年の巨大な変化の後、状況は違っていても、その気分において新疆と共通する点が多い。

両岸問題を議論するのに、新たに出て来た政治的議論から離れることはできないのだが、また保守的な文化政治に戻ってそこに寄りかかるのも不可能である。二〇世紀が提供した両岸統一を促進する最も蓄積のある政治伝統、つまり二つの超級政党のアイデンティティ政治は、その両党の政治闘争の中で形成されたものである。しかしこのモデルは既に反復できないものである。ある人が発想の転換だと言って、こう話した。共同の祖先たることを認めればよいのだ。アイデンティファイとは共同性を求めることで、もう競争や闘争は要らない。無邪気さを排して考えれば簡単なことだ、と言った。中国の保守政治家の呉区からすると、中国文化を論じておればそれでよい、となる。しかしそういった人物は、「統一派」の消失が意味するところが何なのか、実は分かっていない。台湾問題において、最も重要でありかつ最も困難な試みとは、如何にして中国をもう一度政治的カテゴリーにするかということである。現在の中国には何でもあるのだが、無いのはこの一点である。またある人はこう言うだろう。地理、人口と主権、これで十分じゃないか。中国は既にして一つの歴史的文明なのであり、どうして政治的カテゴリーが必要なのか、と。ここでわれわれは、欧州統一の展開と屈折から、ある種の啓示を受ける立場にある。一〇年前、私は雑誌『読書』でハーバーマスとT・H・グリーンなどの欧州憲法問題をめぐる議論を紹介した。結局のところ、憲法か、憲法草案なのか、あるいは憲法協議なのかといったプロセスの問題以外に、共通認識としたのは、社会的な市場経済、福祉国家、民主などの政治価値の議論であった。これらの政治価値は、ヨーロッパの歴史伝統を代表するだけでなく、新自由主義の興隆への反応であり、またそれはヨーロッパの現代伝統としての政治言説に立脚するものであった。これらの政治言説が力をもっていた時には、ヨーロッパ統一のプロセスは順調であったが、逆に、ヨーロッパの国家が新自由主義政策に傾くと、社会民主体制が危機に瀕し、欧州統一も危機と分離の局面を向かえることとなった。私は、われわれがヨーロッパの価値を用いる必要があると言っているのではなく、それを借りて説明しているのである。すなわち、力のある政治言説があって、内部もよくなるし、外部との関係も安定する。敵が誰か分からないままでは、誰が友であり、誰が友なのか分からなくなる。また誰と連帯し、頼みにするのか、また誰と対立するのか、分からなくなる。そうすると最後には、自分が誰なのか分からなくなって、バラバラになるのは必定であろう。これらすべて、政治危機の徴候である。

新たな文化政治は、新たな「われわれ」を作り出さねばならない。この「われわれ」は台湾の「統一派」と限定されるべきことではない。それは、両岸の相互関係の中で生み出されるところの、前述の固定化を超克する新たな状況や力を創出することである。両岸の政治交渉そのものは、交流の深化のためにその機会と空間を提供するものである。しかしこの政治交渉をさらに促進させるものとは、まさに今後徐々に形成されるべき新たな社会体制と社会的な力なのである。両岸関係において、実に非対称的なことは、かたや両岸をめぐる激烈な反応があるかと思えば、またかたや対岸の火事を見るが如くである。これは世論上の非対称性をもたらしているだけでなく、また両岸の間の公共空間の形成を阻止しているのだが、この公共空間こそ社会的連帯の基礎である。なぜなら、両岸関係と大陸中国の問題は台湾社会の中心的問題の一つである。理解の多少、真実かどうか、全面的であるかどうかはさておき、台湾の大陸への意識は台湾住民全体を動かす、そのような特徴を持っている。相対的に言えば、台湾問題は、香港、チベット、新疆などの区域問題と同様にして、大陸中国の社会心理またメディア環境にとっては、終始周辺的なところに位置するものである。「台独」や「独台」が政治動員の産物だとして、大陸社会は台湾の政治的変化に対して鈍感であり、政治的動員の片鱗もない。公共の議論の中で、台湾は台湾問題としてあるだけで、台湾問題の専門家だけが台湾問題を論じている段階である。中国史、中国文学、またその他の領域において、香港や台湾の研究者以外では、だいたいのところ台湾問題は語らない。実はこれも、認識において「独台」なのではないか。知的関心において、それはもう生み出されてしまっている。そういうわけで、大陸社会は台独に反対はしているが、ある方面から見ると既に「独台」を認めている構造にある——思うに、黙認は政治的に承認したことを意味しないが、知識や記憶にかかわる政治的無意識としてそうなっている。「統一派」の台湾における衰退と、前述の実際上の非対称性は相補的なものである。このような世論の非対称性が意味するのは、本当の意味での政治交流がないということ、その結果として政治的幻想がまかり通ってしまうということだ。

世論上での非対称性は、またもう一つの深刻な問題を表してしまう。それは大きな政治動員力と極度に低い社会動員力の対比である。台湾には政治動員があり、香港にも政治動員があり、また新疆にも潜在的に政治動員があり、チベットにも同様にしてある種の政治動員が育っている。これらの動員は異なった社会政治テーマを有しているが、一般的にかなり凝り固まったアイデンティティ政治に絡み取られている。つまり、これは政治動員の中の脱政治化の要素である。そういうわけで、少なくとも分析を進める上では、われわれは政治動員の異なった要素について動態的に観察し分析を進める必要がある。所謂「一を分けて二を為す」〔一体と思われているものの中に別の要素を見ること〕と言われることである。それは矛盾の構成とその変化を説明するものであり、エスニック・アイデンティティ、宗教信仰、政治的対立を固定した尺度としないこと、それらを政治動員のカードとしないことである。その一方、中国大陸の社会全体の政治的雰囲気は、むしろ安定を中心的とするものであって、政治動員の状態は前述の地域とは異なっている。もちろん、簡単にその異なったあり様について良いとか悪いとかは言えない。ただ、われわれは「脱政治化の政治」を異なった形式に見ながら、それらの非対称を把握しようとしている。つまり、エスニシティや宗教的アイデンティティ、それらと深刻な社会問題を取り換えてしまうこと、また政治的議論と社会動員を消去することで安定を得ようとするあり様である。

両岸問題は中国全体の問題のその一部であり、香港、チベット、新疆で発生した問題と同様に、単なる周辺問題ではない。台湾問題は他の区域と異なった問題であり、自己の歴史的脈絡を持っており、また特に自足した政治構造を有している。しかしわれわれは、こう問わざるを得ない。凡そ同時期に出て来た分離的傾向について、まさか全く無関係とは言えないはずではないか。グローバル化とアジア地域の変化の他に、中国自身の変化もまたそれらの傾向を作り出した要因である。少し前のことだが、大陸観光客〔のマナーの悪さ〕と香港住民との間で起きた矛盾の激発は、感情的な対立を呼び起こしたわけだが、すべて悪いこととも言えない。内地と香港の間の問題と矛盾が明らかにされたということだ。そういった問題が「一国両制」という覆いの下に隠されていただけであり、そうして香港問題の核心を問う思考が促進されることとなった。しかしながら、もしも相互の対話が口喧嘩のレベルで留まるなら、政治的情熱も徐々に静まるだけである。同様にして、われわれはどれだけの人が真面目に中国の民族問題に関心をもっているのか、考えざるを得ない。幾度かの暴力テロ事件が起こらなければ、ほとんど誰も新疆問題、またチベット自治区の焼身事件にも関心を持たないだろう。はじめに幾ばくかの報道はあっても、その後は静まってしまい、何の触発も残さないことになる。それらに比べると、北京や上海などの沿岸地区では、どんな些細なことでもネット上でいちいちやり合うことになる。その一方、新疆やチベット問題については、凡そニュース報道の中で、車を焼く行為、殺人あるいは「テロ」ということになる。どしてこんな傾向になっているのか。もしこういった危機に対する深い分析がなく、それらの衝突の厳しさに対する十分な認識がなければ、われわれは「中国」に対して全うに理解していないことになるのだし、政治的カテゴリーにおける「中国」を再建することなど、話にもならない。

4 冷戦構造の変化と両岸関係

政治カテゴリーとしての「中国」とその変化を語ることはまた、二〇世紀の歴史、特に社会主義の歴史への新たな評価と決して切り離せないことである。社会主義運動から見て、六〇年代から七〇年代に至る中国のソ連との公然たる決別と武力対峙となった時期の歴史は、世界社会主義運動に対する評価においても、実に複雑な課題である。一方、このことを中国からポジティブに語るとなると、それは中国の自主にとって一つの政治的前提が与えられたことになる（私はこのことについて既に書いている）。しかし別の観点からすれば、中国とソ連の関係がもし決裂とは別のやり方を歩んでいたら、闘いの中で社会主義内部の連帯が維持され、社会主義的改造と改革が促進されただろうか――そうであったら世界状況はどうであったろうか。このような仮説はおそらく成り立たないし、成り立ったとしても、その結果は分からないだろう。ただ現在、西洋福祉国家の危機を研究している学者のほとんどは、冷戦期の東西の闘争は社会福祉体制の完全性を競うプラスの側面があったと承認している。それだったら、前述の問題を仮説として立てることが可能かどうか、想像することも悪いことでないかもしれない。そういうことで、私が言いたいのはこういうことだ。社会主義国家システムの変化が米中関係を変化させ、特に米国の台湾に対する姿勢に大きな影響が出た。いわゆる「台独」はこの時期から始まったと言える。国民党政権の本土化もまた、国際的な承認の失敗から始まったものである。一九七〇年代の米中関係の変化というのも、その初めの衝撃は一九七一年の国連にて「国際連合における中華人民共和国の合法的権利の回復」案が可決された時、そして第二の衝撃は一九七九年の米中国交樹立となる。私が最近書いた「両岸歴史の中の失踪者」という文章は、この七〇年代の出来事について大まかに論じたものだが、本文ではプラスの話を、注釈の中ではマイナスの話をした。が、いずれにせよ同じことに関わっている。プラスの方向から見ると、もし米中関係の変化がなかったとしたら、一九八七年の台湾での戒厳令の解除は知っての通りには進行しなかったと考えられる。つまり、台湾の大部分の知識人は、戒厳令解除は自分たちの奮闘の結果と感じただろうし、そうであろうと私も思う。マイナスの方向から見ると、米中関係の変化があって、国民党の政治的合法性はがくんと落ちたのである。もし米中関係に変化がなかったとして、国民党が自ら変化しようとしたことは想像し難いことである。国民党はかなり米国との関係に依存していたわけで、また国連によって承認されていることも、台湾の内部の統治に対する合法性の根拠であり、反攻大陸の政治的根拠はこの上に打ち立てられたものであった。国際的承認が失われていくに従って、国民党は内部的合法性をどう調達するかに力を入れなければならず、それが大きな枠組みでの本土化への動力となった。この条件において、李登輝など国民党の本土派が蔣経国時代から頭角を現すことに必然性があった、ということになる。蔣経国に開明的な側面があったことは、否定する必要もないだろう。しかし、国民党が敵対分子を弾圧してきたことも明らかなわけで、開明的であるのも相対的だと言える。すなわち、前述したところの政治条件というものがあって、そこで初めて彼の「開明的」行動も理解できるのである。国民党体制の本土化は以前からの「台独」運動とは別物であり、蔣経国は反台独であった。国民党の台湾統治を改めようとした時期でも、後から来た者と先に来た者との不平等は合理的なものとされていた。しかし不平等な社会関係を変革する努力が本土化へと流れると、それは新たなメルクマールとなった。そして本土化の流れはこの後の「独台」モデルに前提を与え、いわゆる「ヤドカリマーケット」が出てくる。つまり中華民国という政治的外殻を借りながら、その中でいわゆる「特殊な国と国との関係」を形成することである。

両岸分裂は国共内戦の延長線上にあるだけでなく、また米国のグローバル覇権が形を為した結果でもある。その中米関係の変化に伴い、台湾が冷戦構造における米国のカードとして重要でなくなったわけではないが、関係が変化したのだ。だからこそ米国は、台湾に対してさらなる民主化を要求できるようになった。この条件の管理下において、台湾の政権は以前の蒋介石政権のような独裁を続ける必要がなくなった。アジア地域の民主化、例えば韓国やインドネシアなど、それらもこの冷戦構造の転換から理解する必要がある。米国留学生がこのようなプロセスにおいて台湾政治の一角を担うことになったが、それは米国の東アジア政策の変化と密接な関係において生じたことである――このように述べても、決して貶める意味ではない。このようにして、国民党内の反共的「統」の基礎が徐々に消失することとなった。またこのことに見合うように、大陸内部の変化によって、左派の「統」の基礎も徐々に消失するところとなった。冷戦構造の変化は、両岸の各階層の交流に条件を与えたが、経済はさらに深く絡まり合い、また文化の方面での共同性にしても以前にはなかったような承認が得られるようになった。伝統的な「台独」が代表する分離主義はますます不可能になったが、統一に向かう政治的基礎も徐々に衰退したのだ。このような状況が渦まく中、表面的には「台独」運動は活発なのだが、現象に過ぎないようにも見える。根本的な問題は、政治的勢力として「左統」も「右統」も衰退したことであり、「独台」や各種の「両国論」というものが事実上、島内の主要イデオロギーと政治勢力となった。それは、藍色／緑色の別を越えたものとしてあって、両岸関係は困難と危機に置かれたままとなっている。この意味合いにおいて、藍色陣営／緑色陣営の関係に変化がおきたとしても、台湾社会内部の亀裂は消えることがないだろう。

二　反サービス貿易運動と反TPP

反サービス貿易運動は、台湾の社会、経済、政治など複数の苦境を、いわば総合させる効果を持った。かつて〔陳水扁総統を辞任させようとした〕赤シャツ運動が時の政府の腐敗に反対していたこと、また別の〔軍内の虐待事件に抗議した〕白シャツ運動が国家暴力に反対していたのとは違って、この度の反サービス貿易運動の黒シャツたちは、経済的不公平を問題にしていた。しかし最終的に、立法院を占拠するに及んだ行動の要点を述べると、その政治的あり様は二十数年の間、これまで台湾社会に変化を及ぼしていた政治的チャンネルが清算されたあり様であり、その影響は長期に及ぶであろう。経済の後退、格差の拡大、また大陸への経済的依存の深まりは、台湾社会におけるコンセンサスの苦境を表し、既成の政治チャンネルへの衝撃は新生代の政治的枠組みに対する不信を暴露した。グローバルな社会運動の文脈に照らせば、「ひまわり運動」には新たな意味合いがある。つまり、チュニジア、エジプトでの運動は、反専制や民主といった従来の錦旗であり、ウォール街占拠運動もまた大資本の金融統治に対する象徴的抵抗であった。そういった運動は〔台湾のようには〕公然と、社会的不公平に対する疑義と、政党政治と民主体制に対する疑義とを結合させたわけではない。台湾の若者世代は、生活の苦境をリアルに感じており、また彼らの政治不信は根本的な問題に触れている。私はそういった判断に同意する。つまり、反サービス貿易運動を動かす主要矛盾は無能な政府と貧富の極大化にあって、せいぜい大陸の幾つかの資本に反対するだけである。しかし政治的未来が描けず、明確な社会的目標がない条件下において、学生運動が触発する政治動員は、容易に（既に）二十数年来に形成された惰性と政治勢力の指導により、対「中国」に対する恐怖と恨みの方へ導かれてしまう。「占拠運動」は不満を表現したが、リアルな実際的政治目標を提出できなかったので、旧政党政治により補填され利用されることは避けられないだろう。錯綜する議論の中でも、われわれはこの間に憶測の下に作られた論理を見出すのは難しくない。それは、台湾の経済が衰退した原因は大陸の台頭にあるというもの、また貧富の格差も両岸でボロ儲けした大商人のせいだとするもので、さらには大陸への経済的依存について、「経済」をもって「政治」へと歩みを進め台湾を飲み込む大陸の意図――をそこに読むものである。だが、このような問いの立て方によっても、まさか、両岸間の不平等な分業体制〔大体においては台湾が資本、大陸が労働力を担う〕を覆い隠せないだろうし、台湾経済がそのような不平等な分業体制によって大陸労働者から巨額の利益を吸い上げていないとは言えないだろう。もし幾つかの大陸資本に反対したいというなら、どうして労働者間の連帯のことや、さらに公平な社会を勝ち取る共同の闘いについて議論しないのか。

「ひまわり運動」の平等への要求は、確かに新自由主義への批判と関係づけられる。大陸中国においても、二十数年来、新自由主義思潮の蔓延とその影響の広さと深さはまだ判断できないほど巨大である。大陸からの台湾との政治交渉においても、経済がキーポイントであると何度も言われてきたが、実際に政治交渉は経済ロジックが優先となっており、さらに正確に言えば、如何に利益配分するかということとなっている。台湾社会の格差の拡大が実際にあるので、この利益配分ロジックは両刃の剣であり、一方では台湾経済を発展させるとして支持されつつも、また台湾内部の格差の拡大に相互に絡みついてしまう。経済が衰退する中で、大陸資本の動向、移民、観光客の増大はまた怨恨の対象となっている。そういうわけで、「ひまわり運動」が触発した台湾政治の新たな方向性は、大陸の台湾政策に大きな衝撃をもたらした。実際、台湾の二大勢力はともに独でもなく統でもない方向をとっており、台湾はそこから経済的利益を得ていた。民進党においても、内部の「急独」勢力を抑えているのであり、大陸との経済利益関係を構築しようとしてきた。ただ実際、台湾の政治リーダーたちは、みな大陸との統合を望んでいるわけではない。両岸関係の扱いに関して、考慮していることは経済発展の短期サイクルであり、両岸経済貿易総体の発展と両岸政治の発展に資する促進作用ではない。また台湾島内において、両岸の経済貿易と人間交流の増大が大陸への親近感を生むことはなく、むしろ逆となっている。台湾の経済的地位の衰退はまさに、台湾の分離傾向を生み出したのである。馬英九が両岸貿易協定を進めようとした努力は、大陸からの経済利益を引き出すだけでなく、周辺地域の経済組織への参加に繋がると思ったからである。例えば、RCEPやTPPなどである。特に後者に関しては、その目的は米国経済と再び同盟を結ぶためであった。そういうことで、いつものあり様とはうって代わって、米国は馬英九の貿易政策を支持したのであり、また民進党を批判して、その影響力によって学生運動の拡大を阻止しようとしたのである。

もしも反サービス貿易が「経済をもって政治を動かす」というロジックに衝撃を与えたとするならば、立法院占拠運動の政治的意味はさらに強まることになる。台湾政治の文脈からすると、今回の立法院占拠という行動は、いまだ藍色／緑色の角逐の影を引きずったもので、むしろ民進党台独路線によって

「中華民国」の公法性にショックを与えたものとも見做せる。しかし、この一連の行動は、新たな局面をも垣間見せた。第一は、反サービス貿易、反ブラックボックス〔議会審議の不透明さを問題にした〕をスローガンにした運動は、民進党が主宰してきた大衆運動のように反国民党をスローガンにしたものではなかった。第二に、党派勢力の影響が運動の中に見え隠れしていたが、「ひまわり運動」は学生主体であり、政党の角逐が前に出たものではなかった。少なくとも言えるのは、台湾政党〔国民党、民進党ともに〕そのものの影響力が低下したことの徴候だということだ。両岸関係から言えば、立法院の占拠という出来事、また台湾の政党政治の転換をそこに見たとして、すべてそれらは両岸関係への疑義、ずっと当然のことと考えられていた政治チャンネルへの疑義と見做すことができる。今日の両岸政治対話のあらゆるチャンネルは政党、政党対政党のチャンネルに頼ってきたものであった。闘争するにしても、和解するにしても、それらのチャンネルが中心であった。遡ると、国共という政党関係が国内政治を主導したのは、一九二〇年代の北伐からであった。しかし、反サービス貿易運動が立法院占拠までいったことは、政党政治を中心とした政治チャンネルの否定を意味する。二〇世紀から政党を中心とした政治プロセスというものが政治活動の核心的内容であったが、ここまでくるともう無理であるようにも見える。少なくとも、二大政党によりかかったりすること、さらに民進党も加えて三党政治として考えることもだめであろう。そういうわけで、占拠運動は、全てを洗い直してこそ初めて新たな政治プロセスが形成されることを暗示した。現在、政治家と学者で、この点について真面目に考えている人間はまだ少ない。多くはこのような歩みがどこへ行きつくものなのか、意識していない。古い時代の方式にすがったままで、この苦境に向かおうとしない。例えば今、宋楚瑜のような政治家に会えたとしよう、しかしそうしたとして、口先で何か言うだけである。さらにこういった政治人物たちは大陸と台湾の政治の中の駒に過ぎない。両岸関係の基本状況を変革するのに、なんの役にも立たない。そういった政党リーダーは政治的想像力が全く欠けており、若者や学生に何の影響ももてない。そういった伝統的な政治チャンネルの危機があって、今、新たに求められるチャンネルにより広範な交流が推し進められるべき、との考えが明確化して来ている。またこの意味において、過去三〇年の両岸の経済、政治と文化の改革がより多くの空間と潜在力を提供することになるであろう。ただここで単純に経済論理を批判してしまうと、経済活動から日々形成される深く広い両岸の日常生活の次元への影響について全否定してしまうことになる。長期的な観点をとると、台湾のかつての党外運動〔国民党外の立場の政治運動〕、「台独」運動、今日の新しい社会運動、そして政党運動、これらの関係はみな単純なものではない。党外運動の歴史もやはり複雑であったが、そこから「台独」への向かう軌動はやや遅れて出て来たものと見做し得る。一九七〇年代前半の「保釣運動〔保衛釣魚島運動〕」から党外運動へ到るプロセスにかけて、また党外運動と「台独」運動との間には、連続性と差異、また複雑な組み合わせが存在した。一九九〇年代、台湾の社会運動は急速に「台独」に収斂したが、それは二重の要因による――戒厳令の解除、そして冷戦の終結の二重の重なりである。グローバルな冷戦の終結とは、社会主義陣営の失敗によるものであり、大陸中国に関して、それは「文革」の失敗がメルクマールとなる。台湾において、本来の党外運動と保釣運動には、かなり強い社会主義的な主張があったが、それは資本主義のカテゴリーの外で台湾を救う道を探ろうとしたものであった。そこでは「中国」は一つの政治カテゴリーとして魅力を持っていた。なぜなら、国民党専制に反対するのに、みな国民党は資本主義体制と一体のものであって、その外側の可能なる政治勢力を求めようとしたからである。保釣運動は決して、統独を問題にするものではなかったが、その中では、国民党の勢力も存在し、また幾ばくか台湾独立に近い要素もあったので、祖国統一を目指す主流の部分は、後に「統一派」とされるに到った。実際、保釣運動の「統」とは社会主義中国と密接な関係があったのであり、それは単に主流なのであって「統一派」ではなかった。しかし、前述した二つの重なりがあって、台湾内部にあった元々の国民党批判の運動とオルタナティブな方向を目指す努力は、自身を展開させる空間を失った。さらに一九九〇年代以降、台湾のコミュニティ運動と台湾ナショナリズムは密接な関係を有したが、さらに新自由主義の潮流において、そういったコミュニティ再建の努力と社会的な権利擁護運動はお互いに重なるところとなった。事実上、今日において、それらの権利擁護運動は統独の概念を用いては描写できないだろう。

一九八〇年代、陳映真などのグループと党外運動は重なるところがあった。彼らは、同じ民主運動の一部分であった。党外運動には元々、台湾社会の未来を探っていく多くの可能性があった。しかし一九八九年以降、ソ連東欧圏の崩壊があり、また新自由主義の潮流が中国の改革に益々深刻な影響を与えるようになった。一方台湾では、資本主義体制の外を求めるオルタナティブな方向の可能性は徹底的に消失した。党外運動は次第に固定化し、元々は複雑で複数の政治志向を含んでいたものが徐々に特殊なエスニック・ナショナリズムに覆われてしまった。中国大陸に視点を移すと、その二〇世紀は文化大革命の終結により終わったと見做される。中国からすれば一九八〇年代とは、二〇世紀の終わりの足音だった。欧米の基準で見ると、一九八九〜一九九一年、二〇世紀は冷戦の転換に伴って終わった、ということになる。言い換えると、潜在力のあった二〇世紀が提供できたはずの直接政治の方向性というものが、凡そ両岸問題の解決に資することが出来なかったということである。だからこう言えるだろう。台湾の戒厳令解除と冷戦の終結は一種独特の重なり――いわゆるその独特とは社会主義の失敗を前提にした――であったということ。このことにより、台湾島内の運動内部の政治は新自由主義の方向へと分化し固定化していった。李登輝時代、陳水扁時代、いわゆる統独の争いは「独台」か「台独」かの争いとなった。この「独台」か「台独」かの争いの政治の基本は「脱政治の政治」である。すなわち、バーチャルなアイデンティティに訴えることで、いわゆる台湾の自主性というテーマを形式主権の内側に留め置くのであるが、それは既定の覇権状況を追認することを前提として、「台独」か「独台」かの名義により台湾がその中にあることを確認することであった。この両者の論争は、台湾の基本的な社会‐政治体制に及ぶものではなく、また現代世界の不平等に触れるものでもない――不平等はただ政党が角逐する際のカードに過ぎない。エスニック政治をめぐって、台独と独台の空洞化したポリティカルコレクトネスがお互いに競争し、自己卓越化をはかろうとした。事実上、両岸関係の変動によって触発されたリアルな嫌悪や、共産主義や集権主義に対するバーチャルな嫌悪からくるものを除いて、そういった競争とは決定的に空虚なものである。その空洞化によって、人々の間では、中産階級的な中庸政治に落ちつくか、あるいは右翼ポピュリズムの無力なラディカリズムの情熱により政治空白を埋めるか、ということになった。このようなポピュリズム政治と大陸の脱政治化の政治は、お互いに見合ったものとして存在している。

　反サービス貿易運動の中で、「統一派」は統一という大目標を維持するために、多くの中産階級と同様にして、両岸貿易を維持する立場に立った。この運動において、またある幾ばくか違った動力と立場を示した部分は、左翼的な言辞その矛先を「新自由主義」へと向けた。両岸の貿易の発展を支持する勢力からすると、これは反応し難い問題である。「統一派」の本意では、新自由主義には問題があり、批判しなければならない。しかし両岸のコミュニケーションとその成果は台湾にとって利益である、となる。この言説は若者世代に全く魅力的でないばかりか、これによって元々あった歴史的資源としての左翼全般の力が非常に曖昧なものとなり、その力を集中することが不可能となる。では結局、中国のグローバル貿易と両岸貿易の中の役割をどう評価すればよいのか。西側世論において、中国の国営企業は計画経済と国家独占の象徴として攻撃されているが、グローバル化の最中、大陸中国での役割はむしろ逆となっていて、むしろ貿易障壁を打ち破って自由貿易を求める忠実なる信徒として国営企業がある。ただ中国のこのような発展は全方位的なもので、WTOやその他の国際市場システムの他に、中国は同じ原則をもって、アジア、アフリカ、ラテンアメリカへと向かっており、また同一の論理によって欧米の貿易保護体制を批判している。第三世界との関係構築の中で、中国は幾ばくか初期のインターナショナリズムの要素を保留している。しかし周知の通り、その行動は主に経済利益によって駆動されたものである。このような現象をどう解釈すべきか。われわれは世界資本主義システムの重心移動という方向から観察を進める必要がある。資本主義システムの拡張は一般的には、貿易と生産設備の過剰が危機の引き金となって中断することがある。しかしその中断こそ、システムを組み換えるチャンスになることもある。ジョバンニ・アリギの語ったところでは、このシステムの組み替えの基礎にあるのは強力な政府と企業との混合体であり、その組み換えの結果において、その軍事力と財政力は既存の混合体よりもさらに強くなる、ということである。彼はさらに、鋭い観察を示している。過去の経験と比べると、この新たな金融拡張（これは過剰蓄積に対する典型的な反応でもある）には独自性があるのだ、と。つまり「より強力な政府と企業の混合体は長期的な傾向としては、袋小路に入っていく。ソ連解体後、世界的な軍事力はますます米国とその同盟国の手に移った一方、世界的な資本蓄積のトレンドは東アジア地域に移っていった。政治力、軍事力、経済力、金融力の分離傾向は、これまで例を見ないものとなった(2)」と。アリギが一九九〇年前半に対して行った分析の主要な対象は、日本と東アジアの四つの小龍（韓国、台湾、香港、シンガポール）についてであり、中国の台頭に対してではなかった。しかし彼が予見した、政治力、軍事力、経済力、金融力の空前の分離状況は、東アジアの新たな現実となった。この分離傾向が二つの秩序のタイプの競争となった。一つは、米国を筆頭とする国家連合を基礎とし、政治力と軍事力で覇を主張する全体的秩序である。もう一つは、東アジア地域の強力な経済力と金融力を基礎とした全体的秩序である。この第二の秩序は「第一のそれよりも比較的平等である(3)」とアリギは述べている。政治・軍事のセンターと経済・金融のセンターが分離しているので、東アジア、中でも台頭する中国が米国に代わって世界資本主義の覇権を握ることは不可能だ。そこで、中国の経済は拡張する一方だが軍事上の脆弱性があり、米国の政治的軍事的覇権が旧秩序を維持せんとするアクションとの間で矛盾と衝突が引き起こされる。そういうわけで、東アジア地域（東北アジアと東南アジアを含む）には二重の方向性が存在することになる。一つは、アセアン「10＋1」あるいは「10＋3」などを中心として、経済と金融を主軸

（2）杰奥瓦尼・阿鋭基（ジョバンニ・アリギ）『慢長的二十世紀（長い二十世紀）』南京、江蘇人民出版社、二〇〇一年、一頁（日本語訳『長い20世紀——資本、権力、そして現代の系譜』作品社、二〇〇九年）。

（3）同上、二頁。

とした地域統合の方向性である。もう一つは、米国のいわゆる「アジア回帰」をメルクマールとするもので、ある種の冷戦回帰を志向する方向性で、その経済上の意図は大陸中国を排除せんとするもので、米国と冷戦期の同盟国を基礎とするTPPに表れている。貿易と金融を通じて求めている中国による地域統合の努力とは、まさにこの度の資本主義の組み替えにかかわる二重の趨勢（アジアの経済拡張と米国の「アジア回帰」）の必然的産物なのである。もしこの二重の趨勢に対して、歴史的・政治的分析をせず、単に一方的に両岸関係における経済主義の側面を批判するだけなら、それは木を見て森を見ない落とし穴は避けられない。両岸の関係において、本当の問題とは、貿易関係を発展させるべきか否かではなく、貿易関係の中の「利益配分ロジック」を変革しなければならない、ということである。結局のところ、「利益配分ロジック」こそ、両岸分離を前提としているものであるからだ。

もしも日米同盟がより明確に旧秩序への回帰の姿勢を見せるなら、両岸関係は大きな牽制を想定しなければならない。台湾問題は米国との関係において分かりやすいが、日本との関係は省略されがちだ。遡ると、皇民化はもう一つの「人の移動」を伴った歴史的資源であった。台湾への植民地化は満州国のあり様とはかなり違ったものである。満州国も日本の植民地であったが、新たな国家であり満州人政権という形態を採った。傀儡政権であったとはいえ、一つの独立国家として承認されようとしていた。だから、満州国自身は現地アイデンティティの再生プロセスを必要としていた。これと台湾の皇民化のプロセスには差異がある。日本人の言い方だと、台湾で実行されたのは、いわゆる「内地延長主義」と呼ばれるものである。ここでの内地とは、日本本土を指すのであり、「延長」とは台湾を日本本土の延長と見做す、いうことである。大東亜戦争により、台湾は日本帝国の後進基地となったが、そこでの皇民化とは植民地と戦争政策に合わせたところのアイデンティティ政治のことである。

台湾問題と日本の関係に関連して、先ほどのエピソードの続きを述べよう。私が一九九九年に台湾に赴いた時、辜振甫は自分の家で宴席を設け、歴史学者の余英時、慶應義塾大学の法学院長、また私、『聯合報』のベテラン編集者（名を忘れた）、聯経出版の林載爵などを招待した。その前の晩のことだが、李登輝が例の「両国論」をぶち上げていた。ちょうど次の日が『厳復著作集』の新刊発表会だった。辜振甫は朝起きて乗用車に乗り込み、秘書と会話した時にやっと「両国論」を知ったそうである。李登輝は、「両国論」を提出する席に辜を呼ばなかった。私が新刊発表会の会場に着いた時、たくさんの記者が彼を囲んでおり、また席の前列にはかつて首相を務めた郝柏村、林洋港など重要人物が並んで座っていた。辜の「両国論」に対する言いわけ話は、この時話されたことであった。その晩、上等の酒が運ばれ、宴もたけなわとなり、彼は万感を胸に秘めた様子であった。辜振甫は自身の家族のことを語り始めた。また蔣親子（特に蔣介石）のこと、また日本との関係にかかわる歴史、さらに李登輝の日本とのかかわりについても。彼が言うには、李登輝の日本語はまあまあだが、書面語はだめで、日本への公文書、通信に関して自分が書いていたことを披露した。この談話の中で、彼が強調していたのは、多くの人間が両岸関係について米国の存在を気にかけているが、ほとんどの人間が台湾政治と日本との関係が実に根深いものであることを理解していない、ということだった。『聯合報』のベテラン編集者が『聯合報』に文章を寄せていただけないかと頼んでいたが、職務をすべて引退してから、と答えていた。そして微笑みながら、「標題はもう考えてあるのだ、両岸関係の中の日本要素」と語った。

米国は、日本による「自衛権行使」を奨励し、新たな軍事化を黙認しているが、事実上、日米同盟を基軸にして中国を抑え込む冷戦秩序の回復を狙っている。もしも日米がこの方向をさらに明確化してくるならば、両岸は政治対話を発展させられない。そして、台湾が強いられる選択はこうなるだろう。日米が主導する軍事的経済的システムに入るか、それとも順調に両岸貿易を発展させてそこから広がる両岸の人間同士の往来を基礎とし、両岸の政治関係を再構築するか——ということ。冷戦構造を再建するなどということは人民の意向に合わないし、この地域の利益にもならないし、グローバルシステムの変化の方向性にも合致しない。さらに重要なことは、中国は既に過去あったようには封鎖されてない、ということである。台湾が日米同盟の軸にとした地域秩序に入ることは大陸中国にとってはよくないことで、台湾にとっても必ずしもよいことではなく、また日中関係にもよくないに決まっている。「ひまわり運動」という突発的事件によって、サービス貿易に関してブレーキがかかった。このことは、大陸の方がサービス貿易にかかわる協議を構想し調印にまで進めようとした時、台湾の社会状況への総体的評価を疎かにし、ただ経済にだけ眼を奪われていたということ——このことを暴露したといえる。両岸関係は単純な経済関係だけで成り立つわけでなく、サービス貿易と貨物貿易の推進にしても、さらに広範な問題意識を持つべきではないか。政治交渉から台湾のＴＰＰ加入に到るまで、それらは両岸の経済貿易関係において考慮されなければならない問題である。真の問題は、両岸の政治関係を再起動するには何を基礎にしなければならないか、ということである。未来の時間において、どういったエネルギーを頼りにし、またどのような政治ポテンシャルを作るかが、両岸の平和的統一を動かす鍵である。

「ひまわり運動」は真剣に平等にかかわる要求を突きつけた。しかし両岸のサービス貿易に反対することは、そのままでは反覇権とはならない。また運動は、民主的手続きについて不満を表明し、立法院を占拠し開放したが、新たな政治方針を提出できたわけではなかった。実際のところはＴＰＰへの参加を否定していないのであり、この運動の新自由主義に対する根本的な態度は曖昧である。ある人が言うには、「議会を占拠することは特に悪い事ではない。ではやってみよう」と。また多くの人が「反サービス貿易運動は近視眼的である。道理を通すのであれば、ＴＰＰにも反対すべきではないか。もし反対するなら、われわれは彼らを支持する」とも言っている。もし「ひまわり運動」が敢えて新自由主義への批判を拡大させてＴＰＰに反対し、また立法院を占拠する運動を現代民主政治の危機への反省にまでつなげるなら、どうして支持しないことがあり得よう。しかし、ラディカルに見えて「ひまわり運動」はこの方向性を持たず、彼らの動員は依然として統独の議論に寄りかかっている。しかし、立法院を占拠するのは、これまでになかったことである。それは少なくとも、一九八九年以降、特に九〇年代の後での、台湾の民主化のプロセスの終焉を指し示すことになった。若者世代にとっても、従来のプロセスを批判することによってのみ、次のステップに歩みを進めることができよう。「ひまわり運動」は、これまでの別の運動よりもかなり直裁であった。法に背くやり方で台湾の政党政治に立ち向かった――主要には国民党の政治に対して。そしてこう言った――「やつらの手続き民主は政治ゲームに過ぎないし、われわれをミスリードするものだ」と。ただし「ひまわり運動」は確かに旗錦として新自由主義に反対しているが、重点はやはり今次のサービス貿易にあり、また大陸中国や両岸関係に対してである。そして一方、新自由主義と伝統的な覇権構造を引き継いだＴＰＰには批判の重点をおいていない。もしも「ひまわり運動」がその反新自由主義の方針をＴＰＰに向けるならば、占拠運動はまた別種の運動に転化することとなろう。今日、民主の危機を省みるのは必要なことである。だが、もしも民主への批判とポピュリズムのアイデンティティ政治が結合してしまったら、またさらに覇権的な地域システムが結合してしまったら、その政治の向かう方向は憂うるべきものである。

「ひまわり運動」は、二〇〇九年の「野いちご」運動〔集会の自由への抑制態度に反発して始まった運動〕を引き継いだ後の若者世代が直接政治に参与したメルクマールとなる事件であり、長いサイクルの台湾政治の文脈を予感させる。新たな世代からすると、核心的問題は、もし台湾の社会運動（学生運動も含んで）が結果として、日米中心の覇権構造の中に入るのであれば、それは自ら自身の合理的根拠を失うことである。果たしてそうなってしまえば、彼らは若いといえども、過去の時代の照り返しに過ぎなくなり、正しくその未来を代表できない。米国の「アジア回帰」と日本の自衛権行使とは、この地域において新たな冷戦を作り出す志向性であり、それはまた経済センターと軍事センターとの分離傾向をその前提とする。この意味において、台湾の新たな社会運動は一つの政治的選択に直面することになる。つまり、覇権の従属物となって新冷戦状況を作り出すのか、それとも新たに「中国」を思考し直し、台湾社会の自主と平等の闘いと大陸での新たな社会的方途への努力との間の共通点を見出すのか、ということである。新たな社会運動は、目下の資本主義グローバリズム秩序の再構築過程の独自なあり様に思考を合わせる必要がある。まさにここにおいて、運動の未来が蔵される。両岸関係において、このような省察は「中国」の政治‐経済への分析に集中することとなるが、裏返せば、それは批判的なコスモポリタニズムともなり得るものだ。

もしこのようなグローバルな視野から台湾に対する位置づけを手に入れるなら、「中国」の政治的意義もまた再審に付せられることになる。また「中国」の政治的意義を再審することも、両岸交流において回避できない課題となる。政治交渉を再び始めることは、この政治プロセスの第一歩である。露骨な不平等が現出するグローバル化の過程において、また政治・軍事センターと経済・金融センターが分離している中、グローバル秩序の混乱と矛盾は避けられない。この条件において、両岸が自由と解放を獲得してきた立派な伝統を継承し発展させるため、この地域の秩序が新冷戦に向かうことを避け、新自由主義の進展を突破し、全く新たな経済、科学技術、政治と文化の社会図を創造すること――これこそが両岸の新たな世代の共同の使命である。この政治‐軍事覇権と新自由主義の二重性を突破すれば、これまでと違った社会主義の未来が提示されるのではないか。「中国」を再び記述するということも、このプロセスから外れたところにあるのではない。

二　政治アイデンティティの最重要性と二つの規則の衝突

地域統合に向けた話をすると、内陸と海洋とは切り離せないものであり、また当然のことながら、どのように両岸関係を内陸と海洋の関係から解釈していくかという課題とも切り離せないものである。日本のアジア論は実際、ヨーロッパの海洋論から発展しており、また現在の台独論もその脈絡の中にある。海洋の側から内陸を貶めるのは、資本主義時代の主要な特徴である。海洋と内陸の問題は、確かに一つの世界史の叙述のパターンではあるが、ただそれだけで両岸関係を語ることはできない。台湾の海洋貿易史研究は、台湾を海洋の歴史へと編入せんとするもので、海洋の歴史と大陸の歴史の連関を省略してしまっている。これは確かに解釈すべきことである。大陸中国の歴史から解釈し、また世界史の角度から解釈するということ。

大陸からこの問題に触れているのは、張承志〔イスラムアイデンティティを持つ著述家、紅衛兵の名付け親としても著名〕であるが、まだ台湾問題については語っていない。張承志が強調するのは、スペイン半島のイスラム化のあり様とカトリックの排他性で、当時のあり様が世界史の一つの曲がり角であったということ、その背景にあるのはオスマン帝国の興隆と衰退である。張承志は、モンゴル高原からのムスリム世界まで、また中国内部からは二つの河流域の間に、中国の知識界の主流とは違った世界史の系譜を見ようとしている。この系譜とは、ヨーロッパ植民地主義の脈絡の中で生じた抵抗のことである。オスマン帝国の一五、六世紀における興隆は、世界史的な事件であるが、このこととコロンブスの探検から始まるアメリカやインドの発見には関係がある。しかしそれらの出来事はほとんど、ヨーロッパ中心の視野から整理されてしまっている。ではこの事件は、中国と内陸アジアにどういった影響をもたらしたのか。オランダ人の台湾侵攻〔一六二四〜一六六二年〕はまさにこの流れに沿ったものであり、ちょうど明と清の交代期であったので、中原〔中心領域〕の王朝は、周辺海域にまで注意を向けることができず、そのまま鄭成功が台湾を手中に入れ、初めての漢人政権をそこに打ち立てるに到った。台南の赤嵌楼を訪ねたことがあったが、元々はオランダ人が建てた「プロヴィンティア〔普羅民遮城〕」であり、またちょうど鄭成功が台湾を攻略した第一歩の立脚点ともなった。そこを攻め落とした主要な理由は、まず補給のためで、周辺の漢人からの助けが可能であったということ。もう一つの要因は、スペインの航路を牽制できる戦略的要地だったということである。台湾と東南アジアは繋がっており、台南を攻略することで、東南アジアと東アジアの新たな回路が切り開けるのであった。台湾のヨーロッパ植民地史における重要性は、オスマン帝国の興隆と大陸シルクロードが寸断されたことと深い関連性がある。

オスマン帝国の興隆が中国の経済と貿易に及ぼした影響は、ヨーロッパほど大きなものではなかった。それと海のシルクロードの貿易ルート以外にも、大陸内部でも広範な移動があり、経済の相補性も高くなっていたし、朝貢システム内の貿易も極めて盛んになっていた。第二次アヘン戦争の時である。マルクスは、キャフタを中継地とする中露貿易の規模は遥かにイギリスの沿海貿易を上回っていたのにその事実を隠している、とイギリス議会を批判した。私は三度、イスタンブールを訪ねているが、最近またエフェソスも訪ねた。ここでのヨーロッパとアジアが混淆する豊かさは、驚くべきものがある。オスマンの王宮の秘宝が展示されてあり、それらはイギリスの王宮にも優るものであった。大陸では元の青磁器は見つからないのだが、大概そこに集まっているようで、量も種類も豊富であった。また元の青磁器以外にも多くの西域民族の物品があった。オスマンのスルタンは多くの磁器セットを探し求めた。それは日常的に使うもので、東西の市場から調達したものであり、贈り物ではなかった。言い換えると、これはただ朝貢だけでなく、貿易も伴っていたということである。ヨーロッパからすると、オスマン帝国の興隆が大航海時代をもたらした大きな要因であった。シルクロードが寸断され、元々の貿易路が使えなくなったので、半ば強いられて航海路を開拓せねばならなくなった。しかしオスマン帝国からすれば、シルクロードを通じて展開された貿易は中断したわけではなかった。中国はコロンブスの前にも既に航海術を持っていたが、植民に向かうほどの動力は持たなかった。鄭和は西の海に漕ぎ出したが、大した問題も生じなかった。また清朝は、北方を出自とするのだが、この技術を継承することは大きな問題ではなかった。鍵となるのは、彼らは大きな動力を持たなかったことである。これがそういった原因の一つであるのかどうか、私は研究したことはないが、まずは考え方を示しておきたかった。

清朝が台湾を取り戻そうとしたのは、政治的要求からで、貿易のためではなかった。経済的にも台湾から持ち出されるモノにさほど需要はなかった。鄭氏が台湾を攻略する前、中原王朝は台湾をコントロールする力を持っていなかった。しかし、鄭氏が台湾で政権を立てた後では、台湾は清朝による政治的統一からすると欠かせないものとなった。そして日清戦争の後、台湾が割譲させられるという民族の屈辱が生じた。だから、抗日戦争に勝った後には必ず台湾は取り戻さねばならない、これにも道理がある。一九四三年カイロ会談の時、元々の計画としては、第二次大戦時期に日本によって占領された領土の帰属問題が議論されるはずであったが、なぜか最終的には一八九五年の時に植民地とされた台湾を中国に復帰させることになった。すなわち台湾は中国の政治統一にとって、欠かせないものであったのだ。清朝の台湾に対する統治は、「生蕃」と一般住民を区別するものであったが、これは大陸の西北と西南を統治する経験からもたらされたのであった。一八七〇年代、台湾の山地先住民と琉球漁民のいざこざが起きて漁民が亡くなる。日本はこの問題に乗じてやってきた。彼らは、清朝政府にどうして現地の人間を処罰しないのかと問うた。総理衙門〔外交部にあたる〕が回答するには、「生蕃」は大清律〔清の法律〕がカバーする範囲にはいない、と。すると結果として、日本はこのことを言質とし、清を攻めるのではなく、山地先住民を攻める――そのような口実を作った。実際のところ、「生蕃」と一般住民を区別するやり方は、清朝が西北と西南を統治するやり方と同じであった。例えば、西南少数民族に対して、土司制度〔族長制〕を用いて統治し、そこでは大清律を適用しなかった。

一八六〇年代、米国が初めて台湾に侵入している〔いわゆるローバー号事件〕。一八七〇年代、そして日本が二度目に台湾侵攻を行ったことになる。この新しいパターンは、清朝の秩序観に大きな衝撃を与えた。かつて琉球に関する論文を書いた時にも触れたが、日本人が台湾を攻撃した時、それは米国人の提案によるものであり、日本人独自の発想ではなかった。米国人は初めての侵攻の際には得るものがなかった。そこで、米国の駐アモイ総領事のル・ジャンドルが日本に向け、重要な提案を行った。つまり、清朝の辺境統治にかかわる「蕃民」に対する区分を西洋の主権概念によって読み換え、新たにその内と外とを輪郭づけんとすること。清朝統治の下で、大清律と地方の習慣法による辺境統治は、一元的構造を持つ統治様式であったが、それは法的多元主義とも言える。このような内外観と、西洋の国際法と主権を中心とする内外の区分法は完全に別物である。日本が台湾に侵入した時の口実はこうであった。現地の「生蕃」が大清律の中にないということだったら、「生蕃」を攻めるのは清を攻めることと別のこと、ということであった。この意味において、日本の台湾に対する侵攻は清朝と日本との間の衝突という意味だけでなく、二つの秩序モデル間の衝突でもあったということだ。現代の中国は、どの政権であったとしても、西洋の統治原理によって辺境を管理することを余儀なくされており、伝統的な秩序観は崩壊している。そして事実上、豊富な帝国経験を持つ国家はすべて、そういった西洋のパターンによって辺境を管理せんとした時、問題が発生する。共産党は初期にはうまくやっていた。なぜなら、下から上への社会変革があったからだ。しかしそのプロセスが終わり、上下関係が固定化してしまうと、その固定化した体制への抵抗が否応なく爆発してしまう。大陸での民族問題の発生と台湾問題の状況とは異なったものであるが、根源的また部分的に同様のところがある。この根源にあるのは、西洋が一九世紀に定めた国家と国際関係にかかわる基本原理である。私は『現代中国思想の生成』を書く中、特に第二巻の「帝国と国家」を書く時、そういった原理とは違うもの、より活力のある制度設計というものはないのか、と考えた。歴史から見て、統一あるいは統合とは、複数の可能なる形式のこと、統一あるいは統合とは「一と多」の弁証法的関係であり、必ず複数の参与のプロセスを有するということであった。

話を元に戻すと、経済のセンターが欧米からアジアに移り、大陸と海洋の関係はまさに変化の途上にある、ということである。一九九三年、江蘇省の連雲港市から西のロッテルダム市まで、ユーラシア鉄道が開通している。現在取りざたされている「一帯一路」〔二つのシルクロード構想〕は事実上、シルクロード経済帯、二一世紀の海上シルクロード、さらに中印・中パの地域回廊、ヨーロッパとアジアを繋ぐ橋など、多くのカテゴリーを含んだものであり、大陸内連関の重要性が高まっている。日米の海上同盟が冷戦状況の延長にあるものなら、「一帯一路」は歴史的ルートの回帰とも言える。また新たな経済計画は、世界史のルートに対する新たな修正でもあるわけだが、困難とチャレンジ性も明確だ。ある人は、新疆でさえ安定していないのに、どうして「一帯一路」など語れよう、と言っている。しかし新疆問題、またその区域の問題はおそらく、「一帯一路」の展開のプロセスの中で解決されるだろう。われわれが「一帯一路」において直面している困難とは、世界経済の重心のアジアへの移動により、将来的に、政治、社会、文化、宗教、言語など一連の問題が惹起されることであり、それは単に経済問題には止まらないものである。翻って、資本主義経済の危機の核心は、経済と政治、文化、習慣、宗教などとのズレにあり、その経済プロセスの社会関係にもたらす破壊にある。そういうわけで、「一帯一路」は、資本主義経済モデルに対する変革の長いプロセスをもたらし、また必然的に歴史文明と未来の社会主義とが相互に繋がることになるだろう。歴史文明と言うことの理由は、新たな計画の四つの鍵となる概念、つまり「路」「帯」「廊」「橋」が、まさにアジアの社会を越えたシステム、あるいは歴史文明の紐帯となるからである。この計画はまた、不可避的に社会主義的色彩を帯びることになる。その理由は、資本主義経済ロジックに依ってこの広範で複雑なネットワーク化を推し進めようとするならば、この計画は失敗と報復を招くことになるからだ。「一帯一路」は単に一つの国家による計画ではなく、また領土拡張を目的とする帝国の再創造の計画でもない。それは、「相互扶助」を中心概念として、複合的な参与を基本内容とする流動的過程である。この前代未聞の世界的事件に際して、経済的計画と金融的拡張と軍事的冒険に対する深く長い射程の認識がなければ、予想に反する結果をもたらすだろう。現在「一路一帯」を論じている多くの人々はただ二つの中心問題にこだわっている。一つは国内の余剰生産であり、もう一つは金融拡大である。この二つは、資本主義経済において反復的に現れるものである。つまり単に資本主義が通った道を繰り返すだけなら、「一帯一路」は成功しないだけでなく、大きな危険と反発を引き起こすだろう。新疆問題はその一つのサインであったし、二〇一四年の台湾の出来事もそうであった。一七世紀の後の台湾はグローバルかつリージョナルな経済の特殊な位置にあって、経済関係の変化により、いずれにせよ変化を余儀なくされる。大陸中国沿海の経済発展とユーラシア大陸との関係の変化によって、グローバルな歴史的変化が始まった。大陸と海洋の関係が逆転しなかったとしても、必ず巨大な変化は起るだろう。

現在、政治危機がグルーバル化している時代、一九八九年以降の状況は非常に不透明である。

一九八九年以後、「社会主義の失敗」あるいは「歴史の終焉」論がある。しかしながら、今日の現実として、資本主義の危機が常に孕まれており、それは周辺部だけでなく、中心部でもそうなのだ。一九八九年の後、唯一の政治合法性として認められているあり様も、今日では例外とはならず、深刻な危機にある。もし中国が順調にこの苦境を脱し、政治実践の問題を新たに思考し直すならば、両岸関係も別のあり様となろう。われわれにとって必要なのは、「歴史の終焉」論の外に出ること、そして新たな道を共同して模索することである。もしこの方向で新たな政治実践が開かれるなら、新たな空間、新たな可能性、新たな力が湧き出て来るだろう。目下あるのは局部的なものではなく、グローバルな政治危機である。だから、中国政治の新たな形態を模索することもまた、全局面的な意味を持っているのであり、個別局部的なものではない。

二〇一二年、私は台湾の牡丹社〔台湾出兵の起点となった場所〕を訪ねた。山道に沿って、分け入るように入っていった。当時、このような台湾の部落社会は、その内部組織のあり様として完全性を持っていて、外側から攻撃するのはとても大変なことであったと推察される。元々、大陸も多くの場所がこのようであったが、土地改革と社会変化を経て、台湾社会と同様にして、今は「化外の地」を探すことは難しい。しかし、交通がかくも便利になり、流動性も高くなっているこの時代でありながら、統治者は地方の共同体内部で何が発生しているのか分かっていない。このことは、社会的亀裂が既に深刻な程度にまで進行していることを物語っている。現在必要なことは、新たな方向性を予測し、ポイントを掴み出すことであろう。あちこち触っているだけではだめである。やはり核心的な問題が何であるのか、理解してこそ方向が明確になり、徐々にこの局面を打開できる。例えば前述したように、「中国」を政治的カテゴリーとして扱うことに、どんな意味が見出せるかということ。これは新たに議論されるべきことで、もしも概念も意識もなければ、模索の方向は見えてこないし、問題はそこで途切れてしまう。現在、新たな方向を説明する必要がある。それは容易なことではないけれど、幾つか明確になっていることもある。第一に、グローバル化するプロセスの中で思考すること、このプロセスを無視しては新たな道を議論することもできない。第二に、東アジア地域としてこの問題を議論することが必要であること。つまりその中で、グローバル化する労働の分業体制の変化と変動について、特に政治・軍事のセンターと経済・金融のセンターが分離している傾向とその影響について議論しないわけにはいかない。第三に、冷戦を乗り越え、新自由主義の未来を克服する道を探ること。それは、近代以来形成されてきた覇権システムを突破し、そこから新たな形式を探る解放の道である。また分厚い歴史文明とその近代の歩みを背景に持つところの、現代の様々な先進的経験を総合する継承と脱皮の道でもある。少なくとも私の感ずるところ、こういったことが、二一世紀社会主義の特徴を備えなければならない共同の道なのだ。

（二〇一五年一月一五日改稿）

東アジアの潜在的原動力
あとがき、解説に代えて

丸川哲史

日本でも三冊の著作が刊行されている汪暉氏の出発点は、八〇年代に成果をあげた魯迅研究と、それともう一つ五・四新文化運動の研究にある。八〇年代に関しては、中国国内では、かつての五・四期の反復が暗示されるような「啓蒙」期として表象されることが多々ある。そして八〇年代の汪暉氏の思索の経緯はまた、紛れもなく一九八九年の社会動乱とも深い縁を持つはずであり、本書の序文にもそのことは仄めかされている。だが肝心な点は、汪暉氏の思索が、どのようにして八九年という出来事を乗り越えたか、である。汪暉氏は、八九年の政府による弾圧の結果、中国の民衆は九〇年代の新自由主義改革に反対ができなくされた、とする解釈を提出している。同氏の八九年の動乱に対する歴史的評価は、既に他の著作『思想空間としての現代中国』（岩波書店、二〇〇六年）所収の「一九八九年の社会運動と中国の「新自由主義」の歴史的根源」で紹介されているので、そちらを参照されたい。

さて汪暉氏の研究は、九〇年代以降では中国思想史全般に対する洞察に向い始め、『近代中国思想の生成』（岩波書店、二〇一一年、北京版二〇〇四年）に結実している。そこで展開されたのは、中国の「近代（モダニティ）」を用意した中国的学知としての儒学に対する深く広範な洞察と再定義の仕事であった。その一方で、同氏は著名な雑誌『読書』の編集長を務めるなど（一九九六〜二〇〇七年）、現実の中国社会に深くコミットする方向性も打ち出していた。例えば、温鉄軍氏などとの協力で「三農問題」（農業の不振、農村の荒廃、農民の貧困）を国内に広く喚起させるなど、中国の現状に根差した活動を開始したが、こういった方向性は更に深化し続けており、いずれまた日本に紹介されることとなるだろう。

ただいずれにせよ、既に汪暉氏の学者としての名声は実は中国国内に止まらず、現在では世界的なところに向かっており、近年では二〇一三年、領域を跨いだ創造的研究に授与されるイタリアの「ルカ・パチョーリ賞（Luca Pacioli Prize）」を受けている。また学者同士での交流としては、マイケル・ハート、スラヴォイ・ジジェク、フレデリック・ジェイムソン、日本の柄谷行人等々との交流も特筆される。そこで同氏が専心していることは、簡略に申せば、中国内部の複雑なモダニティの構造を世界に具体的かつ理論的に伝えること、またそれと同時に世界史的視野で中国という歴史的存在を再定義すること――こういったことであるように感得される。今回集めた諸論文は、さらに一つのインデックスとして「東アジア」が選び出されている。中国と「東アジア」さらにその「西」との関わりが、より深められた形で提示されている。

＊

本書『世界史のなかの東アジア』は、既に青土社から出された『世界史のなかの中国――文革・琉球・チベット』の続編としての意味合いがある。特に、琉球（沖縄）について論じた「琉球――戦争の記憶、社会運動、そして歴史解釈について」からの流れを感じさせる。この論考の中で汪暉氏は、琉球（沖縄）の所属を確定した日本の台湾出兵に触れ、またカイロ会談において琉球（沖縄）、そして台湾の帰属が話し合われた文脈にも触れていた。この延長線上にあって、本書所収の「現代中国史の巨大な変化の中の台湾問題」において、本格的に台湾が論じられている。琉球（沖縄）も台湾も大陸の東側に位置するのだが、いずれにせよ汪暉氏の意図するところとは、大陸中国という存在を東アジアの潜在的かつ決定的な「関数」として浮かび上がらせることであった。

この台湾に関わる論文は、実は完成した直後に私個人（丸川）へと送付されたものであったのだが、大陸中国人が真正面から「台湾問題」を論じるということに、まずもって驚きを覚えた。台湾問題は大陸中国にあっては極めて敏感な政治的イシューであり、台湾関係にコミットしているのではない部署の人間が書いたこと自体が、ある意味ではイレギュラーなことだと感じられた。興味深いのは、政府筋の語り方が前提とするところの「神聖にして不可侵の領土としての……」といった語り口とは違ったあり様であり、なおかつ台湾問題を中国革命との関連で論じきったことである。むしろ中国政府筋は汪暉氏のいうような論述を避けているとも言えるのだ。「神聖にして不可侵なる……」とは、まさに汪暉氏のいう「脱政治の政治」の範疇に属することであろう。

さらに、同論文は台湾問題を語りながら、今日大きな話題となっているAIIB（アジア投資インフラ銀行）も含めた中国の西方（中央アジア）への関与を示す「シルクロード構想」にも言及している。つまり同氏の念頭にあるのは、西に関与する中国も、また東に関与する中国も一つの中国であって、中国の地政学的な位置、また潜在的な歴史の動力としての「中国」を問題にするという基本姿勢である。実は日本において「東アジア」を語る時には、日本、韓国、沖縄、台湾などの東半分の組み合わせと、その向うにある大陸中国（及び朝鮮民主主義人民共和国）とを非対称的に配置する構図が潜在している。ここで重要なことは、中国を特別な大きさを持った国家として遇せよ、ということではない。最も肝心なことは、分析的な価値として中国、特に現代中国を捉えなければ、そこから反射される日本、韓国、沖縄、台湾の「反共」や米国の影の問題、さらにはそれら反共圏における「左翼」の位置も明らかにはならない、ということである。

そこでカール・シュミットの『陸と海と』(一九四二年成立)を持ち出すまでもなく、ここにおいて内陸国家としての中国の歴史伝統というものも一つの分析対象となるだろう。それとは対照的に、海洋国家としての米国の存在もまた汪暉氏の論述の潜在的背景であるのだろう、と思われる。米国はまさに、第二大戦を契機にして、東アジア及び太平洋地域において主に日本からのヘゲモニーを奪う形で南シナ海、東シナ海、そして太平洋を「内海化」したことになる。実はそれに遡ったところで、日本の日清戦争に類似する契機としての米西戦争によって、例えば米国は既にグアムを領土化している。しかして今日、グアムを植民地主義という観察の元に分析することは忘れられている。米国によるこれら海域の「内海化」は、既に私たち列島人にとっての一つの自然の風景と成り果てている。

ここで一つの参照枠となるのが、戦後日本において日本をアジアにどう位置付けるかという議論の中で、竹内好が取り挙げた「陸と海」にかかわる問題提起であった。一九五七年、京都大学の梅棹忠夫が「文明の生態史観序説」の中で、生態学的観点からヨーロッパと日本を第一世界とし、その間にある内陸世界を第二世界として区別した発想を披歴したが、それへの直接的な応答であった。竹内の解説(『二つのアジア史観』)によれば、続いて保守本流の政治思想家・竹山道雄が、この梅棹の科学的観点に「ただ乗り」することになった。竹山は梅棹理論を流用しつつ、日本が如何に欧米近代化のルートに近い存在であるかを強調、さらに東西冷戦の西側に位置づくところの日本を合理化する——このような事跡に竹内が批判的に介入したのである。竹内のモチベーションは、当時の中国革命をあまりに称揚しすぎる日本の左翼的言説に対する一つの「解毒剤」を梅棹の論に見出したわけだが、一方の竹山の議論に対しては、それをイデオロギー的に流用するものだとして批判したのである。

日本そしてアジアを、世界史的な磁場においてどのように位置づけるのか。これに関して、実に竹内の問題意識は今でも有効な射程を持っていると言える。つまり戦後、日本あるいは沖縄に関して、自然史的なものとして海洋社会の中に位置づける発想はずっと存続し続けている。では、そうすると琉球王朝の「両属」はどう位置づけられることになるのか、また徳川体制における鎖国体制をどのように位置づけるのか――実はこういった近過去の処理にも困るはずではないか。日本もそして琉球（沖縄）も、西洋列強からする中華の朝貢・冊封体制への侵入とその解体により「海」へと開かれてしまったと言えるかもしれないのだ。ただ沖縄に関しては、太平洋を跨いだ移民活動として「海」に開かれることになったと同時に、近代日本の領土に留め置かれることになったとも言えよう。

こういった文脈からすると、柄谷行人の『帝国の構造』（青土社、二〇一四年）の試みは、日本を大陸世界からの「亜周辺」として規定する方法論を採ることで、一つの理論的乗り越えを示したことになる。すなわちこれは、イデオロギーを排除したところでの東アジア世界に対する一つの理解として、ユーロセントリズム批判を有効に展開し得た一つの問題提起であったと言える。

話を中国に戻そう。いずれにせよ、東アジアの関係構造の中での中国の役割について、汪暉氏はこれを自然的・生態学的なものとして扱うのではなく、またイデオロギー的な配置として扱うのでもない。汪暉氏は第一に、徹底して現代中国を中国革命という歴史的出来事に起因する一つの磁場として扱うのである。だから、汪暉氏の目的は、中国革命自体を称揚することなのではない。実は本書をじっくりと読めば、そうでないことが分かる。汪暉氏が目指しているのは、本当の意味での世界史的価値の多元化のことなのだ。おそらくこれを突き詰めると、価値の未分化のところへ私たちは出て行かねばならなくなるはずである。

＊

本書に収められた他の論文では、朝鮮戦争を扱った「二〇世紀中国史という視野における朝鮮戦争」がある。台湾との関連で言えば、まさに朝鮮戦争の勃発によって、台湾（国民党政権）は米国の反共ラインの引き上げ（西進）による中共軍からの「解放」を免れ、一つの政治政体として維持されることとなった。いわば、台湾（中華民国）の存続にとって朝鮮戦争は最も大きな鍵となる出来事だったのだ。言い換えれば、朝鮮戦争が台湾問題を生んだ、という言い方も可能となる。中国国内の別の論者においては、朝鮮戦争の結果、中国は台湾を失った代わりに、朝鮮民主主義人民共和国という緩衝地帯を手に入れた、といった論述もある。もちろん、汪暉氏が目指す論述は、そういった単純な国益主義的なものではない。しかしいずれにせよ、朝鮮戦争は、顕在的にも潜在的にも中国及び東アジア全体の戦争であったのだ。

大きく申せば、汪暉氏の朝鮮戦争観は、中国革命の連続性の相のもとにこれを解析する分析角度を基礎に置き、朝鮮戦争の新たな側面を浮かび上がらせた、ということになろう。新たに生まれた人民共和国が朝鮮戦争（国内的には「抗米援朝」政策）に差し向けた人員は、まさに「人民義勇軍」なのであった。この論文の白眉は、まさにこの戦争に事寄せながら、中国革命の価値的命題を語っていることである。当時の中国は圧倒的に武器の量と精度において劣っていた。それをカバーするものが「人」という要素、つまり革命精神なのであり、これはまさに中国革命の（さらに第三世界革命の）歴史的価値なのであった。ただ「物か人か」の命題は、核兵器が開発され、さらに世界的潮流として武器の精度が格段に引き上げられると、軍事的にはほとんど意味を為さなくなったと言えるのかもしれない。この命題が生きていた最後の段階として、ベトナム戦争が挙げられよう。米国の圧倒的な物量の戦争に対して、思想教育と地の理を生かしたゲリラ戦術が勝利し得た、おそらく最後のモメントである。ただ、この「物か人か」という命題は今、しかし完全に打ち捨てられて良いものなのかどうか——汪暉氏の問いは、先にも述べたように、実に世界史的なるものの価値に接続させて論じたものと言える。

翻って、朝鮮戦争を中国革命の観点から論じる方法意識は、今日日本に住む我々にとって実に示唆的なことではないだろうか。例えばそれは、サンフランシスコ講和条約を中国革命との関わりで考える考え方である。

朝鮮戦争の最中、サンフランシスコ講和条約に中華人民共和国を呼ばなかったのは、もちろん強い米国の意向によるものであった。ここで最も問題となるのは、講話条約中の領域（領土）にかかわる規定であった。第二章第2条の対象は、（a）「朝鮮処理」、（b）「台湾処理」、（c）「千島・樺太処理」、（d）「ミクロネシア処理」、（e）「南極」、（f）「南沙及び西沙諸島処理」であるが、みな「〜に対するすべての権利、権原及び請求権を放棄する」と記されている。翻って、（a）〜（f）の帰属そのものは書かれていない。これを踏襲して日本の外務省は、現在でも台湾の帰属について、未確定としている。もう一つの特徴として、この第二章第2条とは別個のものとして、沖縄が別枠の取り扱い（第3条）となっている。曰く「日本国は、北緯二十九度以南の南西諸島（琉球諸島及び大東諸島を含む。）孀婦岩の南の南方諸島（小笠原群島、西之島及び火山列島を含む。）並びに沖の鳥島及び南鳥島を合衆国を唯一の施政権者とする信託統治制度の下におくこととする」と。ここで米国が施政権者となる一方、「日本は〜信託統治制度の下におくこととする」とあるので、沖縄に対する潜在的主権として日本が強調されている。すなわち、サンフランシスコ講和条約とは、いわば何かへの対抗措置として存在しているものと見えてくる。端的にそれは、朝鮮戦争への参与も含むところの革命中国への牽制である。いずれにせよ、現在においても、沖縄の米軍基地が存在している最も大きな存在理由とは、朝鮮半島の危機への『対処』と、そして大陸中国に対する「牽制」であるのだ。

そして、ここから派生するもう一つの大きなテーマとして、東アジアにおける「土地改革と中国革命」がある。日本の戦後土地改革は、当初の日本側の提案があまりに温和的に過ぎるとして、米国＝GHQが日本政府に対して更にラディカルな司令を出し進行したものであると言える。これは実に、中国革命の進展が一九四九年一〇月の中共側の勝利へと向かうあり様への「反応」であった。五〇年代の前半、当時の日本共産党が自らの実践運動として「山村工作隊」を展開したことは、よく知られた事実である。が、なぜ「山村」であったのか。米国＝GHQをバックとした土地改革は既に平地の農村では進行しており、その結果、山地へとその対象を選び直した結果なのであった。

さらに、大陸中国において一つの明確な方向性を持った土地改革の影響は、朝鮮半島や台湾にも波及していた。朝鮮半島の南北の政権は、やはりお互いに土地改革を「競争」したのであり、また台湾でも劇的に土地改革は進展するところとなった。台北に臨時首都を移した中華民国（国民党政権）は、台湾に一片も土地を持っていなかった政権であり、また一九四七年の二・二八事件によって台湾の人々に深い恐怖を植え付けていたので、彼らなりの土地改革をスムースに進行させることができた。国民党政権による土地政策は、孫文の「土地を耕す者がその土地の所有者（耕者有其田政策）」のスローガンを借り受け、大陸ではできなかった土地改革を自己流で展開したわけだが、その際に、日本において土地改革を指導した米国人顧問をも雇い入れていた。この土地改革によって台湾は、この後の産業化に資する社会構成を出現させたことになるが、それとても明確に大陸中国への対抗措置から発っしたものであったのだ。映画『悲情城市』の後半でも描かれている通り、この時期、左翼青年たちが台湾の山地において、中国革命に倣って根拠地活動を進めようとし、そして弾圧されていた。

東アジアという時空を成立させている歴史の原動力とは何であるのか、汪暉氏はアジア大陸の東端にいる私たちに一つの明確なメッセージを与えているように思われる。『世界史のなかの東アジア』が告げているのは、中国革命という歴史的出来事を外して東アジアの近代（モダニティ）を語ることはできない、ということである。

＊

本書の構成を書き記しておく。

・「序文」は、汪暉氏が本書のため書き下ろした自序「世界歴史中的東亜」を丸川が翻訳したものである。

・「政治と社会の断裂――現代政治における代表性の危機とは何か」は原著の論文「〞后政党政治〞与代表性危机」（『文化纵横』文化纵横雑誌社 二〇一三年第一号所収）を訳出したものであるが、その短縮バージョンは既に『世界』（岩波書店　二〇一四年五月号）に掲載されている。翻訳はいずれも羽根次郎氏（明治大学政治経済学部教員）に担当していただいた。

・「二〇世紀中国史という視野における朝鮮戦争」は原著の論文「二十世纪中国历史视野下的抗美援朝战争」（『文化纵横』文化纵横雑誌社　二〇一三年第六号所収）を訳出したものであるが、この論文も短縮バージョンが『現代思想』（青土社　二〇一四年一一月号）に掲載されている。翻訳はいずれも倉重拓氏（清華大学人文与社会科学院ポストドクター）に担当していただいた。

・「現代中国史における巨大変化の中の台湾問題」は元々の論文「当代中国历史巨变中的台湾问题」『文化纵横』（文化纵横雑誌社二〇一五年第1号）を本書のために訳出したものである。翻訳は丸川が担当した。

最後に本書が世に出る切っかけを述べておく。それは、言うまでもなく青土社の編集員、菱沼達也氏の強力なバックアップのおかげであった。菱沼氏とは銭理群氏の『毛沢東と中国』の出版の頃からの付き合いで、日本において足りない現代中国理解のための新たな試みの道筋をともに歩んでいただいている。同氏の尽力がなければ本書は成立しなかった、ここに深く感謝したい。

著者

汪暉（ワン・フイ／おう・き）Wang Hui

1959年江蘇省揚州市生まれ。揚州師範学院中文系卒業、南京大学中文系修士課程修了、中国社会科学院研究生院博士課程修了、文学博士。現在、清華大学人文社会科学学院教授。他にハーバード大学客員研究員、カリフォルニア大学バークレー校ポスト・ドクター・フェロー、香港中文大学客員研究員、ワシントン大学客員研究員、ベルリン高等研究所客員研究員、コロンビア大学客員教授、東京大学客員教授などを務めた。『読書』(三聯書店)元編集長。邦訳に『思想空間としての現代中国』、『近代中国思想の生成』（以上、岩波書店）、『世界史のなかの中国』（青土社）。

編訳者

丸川哲史（まるかわ・てつし）

1963年和歌山市生まれ。2002年一橋大学大学院言語社会研究科博士課程修了。2007年同研究科にて博士号（学術）取得。現在、明治大学政治経済学部教授（教養デザイン研究科兼任）。専攻は東アジアの思想・文化。主な著書に『帝国の亡霊』（青土社)、『阿Qの連帯は可能か？』（せりか書房)、『台湾ナショナリズム』（講談社選書メチエ）など、訳書に銭理群『毛沢東と中国』（共訳、青土社）など。

訳者

羽根次郎（はね・じろう）

1974年横浜市生まれ。2010年一橋大学大学院言語社会研究科博士課程修了、博士号（学術）取得。現在、明治大学政治経済学部専任講師。専攻は比較文明史、中国近現代史、現代中国論。主な論文に「啓蒙思想期以降のヨーロッパにおける南台湾記述と「南東台湾」の発見について」（『日本台湾学会報』第12号)、「「陸」の世界の少数民族と貧困」（『at プラス』22号）など、訳書に汪暉『世界史のなかの中国』（共訳、青土社)、銭理群『毛沢東と中国』（共訳、青土社）など。

倉重拓（くらしげ・たく）

1981年青森市生まれ、東京都多摩市出身。2005年米国ミネソタ州立大学マンケート校学士課程修了。現在、中国清華大学人文学院博士後期課程に所属、専攻は中国近現代文学及び思想。主な論文に「対沈従文佚文『銭杏邨批評之批評』的考証」（『中国現代文学研究叢刊』)、「チャイナ・ハンズの延安レポートを読む」（『中国21』）など。

世界史のなかの東アジア

台湾・朝鮮・日本

2015年 9月30日　第1刷印刷
2015年10月15日　第1刷発行

著者――汪暉
編訳者――丸川哲史

発行人――清水一人
発行所――青土社
〒101-0051　東京都千代田区神田神保町1-29　市瀬ビル
［電話］03-3291-9831（編集）　03-3294-7829（営業）
［振替］00190-7-192955

印刷所――双文社印刷（本文）
方英社（カバー・扉・表紙）
製本所――小泉製本

装幀――菊地信義

Printed in Japan
ISBN978-4-7917-6882-0 C0030